Doris Maier

Goldschatz Apfel

mit Rezepten
von Thomas M. Walkensteiner

Erste Auflage

Konzeption und Redaktion: Dr. Doris Maier
Rezeptredaktion des Rezeptwettbewerbs: Verein Tauriska
21 Rezepturen von Thomas M. Walkensteiner
68 Rezepturen von Teilnehmern des Rezeptwettbewerbs
Fotografie der Gerichte von Thomas M. Walkensteiner: Constantin Fischer, FotoFactory Salzburg
Sonstige Fotos: Mike Huber, Nik Faistauer, Doris Maier, ARGE Pinzgauer Rind, Rita Newman, Stephanie Golser, Anita Voithofer, Johann Kalchschmied
Küchen-Assistenz: Sous-Chef Stefan Lastin und Bettina Strasser, beide im Hotel Schloss Fuschl Resort
Lektorat: Dr. Helga Mitterhumer
Grafische Gestaltung: anhaus werbemanufaktur, Neukirchen am Großvenediger
Druck: Samson Druck, St. Margarethen
Verlag und Herausgeber: Verein Tauriska, Neukirchen am Großvenediger
Das Buchprojekt wird unterstützt von: Gemeindeentwicklung Salzburg, Land Salzburg kulturelle Sonderprojekte, Salzburger Tourismus Förderungs Fonds, Raiffeisen Salzburg, Obst- und Gartenbauverein Bramberg, Gemeinde Bramberg, Urlaubs-Arena Wildkogel

ISBN 978-3-901257-34-6
ISBN 3-901257-34-9

Die im Buch veröffentlichten Rezepte des Rezeptwettbewerbs wurden von der Redaktion mit größter Sorgfalt geprüft, dennoch kann für das Gelingen keine Garantie übernommen werden.

Verlag Verein Tauriska
Kammerlanderstall
Künstlergasse 15a
A-5741 Neukirchen am Großvenediger
Tel. +43(0)6565-6145
Fax +43(0)6565-6145-4
E-Mail: office@tauriska.at
www.tauriska.at

Doris Maier

Goldschatz Apfel

Ein Kulturgut mit Geschichte

Mit kreativen Apfelrezepten von Thomas M. Walkensteiner,
fotografiert von Constantin Fischer

und den besten Rezepten aus dem Rezeptwettbewerb

TAURISKA
Verlag

Inhalt

Die Apfelrezepte von Thomas M. Walkensteiner

Die besten Apfelrezepte des Rezeptwettbewerbs

Vorspeisen und Suppen

Hauptspeisen

Desserts

Vorwort
zum Goldschatz Apfel

Ob alle Menschen dasselbe schmecken, wenn sie in den gleichen Apfel beißen? Wahrscheinlich nicht. Oft schwingen Kindheitserinnerungen mit, zum Beispiel die Erinnerung an den Duft der ersten Frühäpfel. Oder die Erinnerung an den knorrigen Apfelbaum in Großmutters Garten, an dem eine Kinderschaukel baumelte. Oder die Erinnerung an duftende Bratäpfel auf Mutters Ofen oder an rotbackige Äpfelchen, die den Weihnachtsbaum zierten. Äpfel sind auch Früchte der Kindheit. Und auch Wolfgang Amadeus Mozart beschäftigte sich mit der verlockenden Frucht und komponierte die Musik zu einem Kinderlied über den Apfel.

So phantasiereich und zahlreich wie die Namen der Apfelsorten, so facettenreich sind auch Geschichte und Symbolkraft dieser Weltfrucht. Die Symbolkraft des Apfels fasziniert seit Menschengedenken und manifestiert sich in Bezeichnungen wie dem Zankapfel.

Allerlei Symbolfunktionen werden dem Apfel zugeschrieben. Liebe, Leben, Gesundheit und Macht. Auch eine gewisse Ambivalenz ist dieser Frucht der Früchte nicht abzusprechen. In ihren unzähligen Bedeutungen und Interpretationen vom Reichsapfel bis zu Adams Apfel, und auch Schneewittchen bekam die verhängnisvolle Verführungskraft des Apfels zu spüren. Eine weitere ambivalente Rolle spielte der Apfel in der Liebesgeschichte zwischen Paris und Helena, wo ein Apfel den Trojanischen Krieg auslöste.

Die mythische Bedeutung des Apfelbaumes ist in unserem Kulturkreis tief verwurzelt. Der Stammbaum des Apfelbaumes reicht bis in die jüngere Steinzeit zurück. Seit Jahrtausenden bringt dieser Baum, der zu den Rosengewächsen gehört, geheimnisvolle Früchte hervor, die Adam und Eva ebenso bezauberten wie berühmte Dichter und Maler. Der weise Salomon umschrieb seinerzeit „ein Wort, zur rechten Zeit gesprochen“ mit „goldenen Äpfeln auf silbernen Schalen“.

Der Apfel ist somit eine Frucht der Magie und der Poesie. Und er ist auch das Lieblingsobst der Österreicher. Laut Statistik verspeist der Österreicher im Durchschnitt 28 Kilo Äpfel im Jahr.

Dieses Buch rund um den Apfel möchte seinen Lesern Tafel- und Gaumenfreuden bereiten, Appetit auf neue Gerichte machen und wissenshungrigen Lesern nützliche Informationen über Gesundheit und alte Apfelsorten vermitteln.

Es soll zum Schmökern einladen und zum Kochen animieren. Denn die kulinarische Wandlungsfähigkeit des Apfels steht dessen Symbolvielfalt in nichts nach. Ob als Suppe oder Obstsnack, als Saft oder Schnaps, als Süßspeise, Hausmannskost oder Haute Cuisine – der Apfel ist offen für alles.

Das Kulturgut Apfel

Johann Wolfgang von Goethe:
Über Rosen lässt sich dichten,
in die Äpfel muß man beißen!

Die Karriere einer Weltfrucht

Welche Frucht hat in der Geschichte der Menschheit eine bedeutendere Rolle gespielt als der Apfel?
In alten Kulturen und in deren religiösen Mythen genießt der Apfel das Ansehen der Paradiesfrucht und wurde sogar als heilige Frucht gehandelt. Der Genuss von Äpfeln sollte den Menschen Unsterblichkeit schenken.

Auch in Kunst und Geschichte spielen Äpfel immer wieder ambivalente Rollen. Ein Apfel stellte Paris vor die Qual der Wahl, und tatsächlich fiel er auf ein „apfeliges" Versprechen von Aphrodite herein. Paris sollte Aphrodite den goldenen Apfel überreichen und sie auf diese Weise zur schönsten Göttin küren. Als Gegenleistung versprach ihm die Liebes- und Schönheitsgöttin Aphrodite die Hand der schönsten Frau auf Erden, die Vermählung mit Helena. Wer im Geschichtsunterricht durch regelmäßigen Apfelgenuss (Äpfel fördern die Konzentrationsfähigkeit!) konzentriert genug war, wird sich erinnern, dass die Entscheidung von Paris zuerst zum Raub seiner Helena und in späterer Folge zum Trojanischen Krieg führte.

Goldene Äpfel bildeten in der Mythologie das göttliche Hochzeitsgeschenk von Mutter Erde an Hera und Zeus. In manchen Ländern ist nach wie vor die Sitte verbreitet, der Braut bei der Hochzeit einen „Hochzeitsapfel" zu überreichen – als Symbol für Fruchtbarkeit. In China ist es Brauch, dass ein Brautpaar im neuen gemeinsamen Heim als erste Tat zusammen einen Apfel verspeist – angeblich eine Art Glücksbringer für die junge Ehe. Auch in der hohen Politik des Mittelalters spielte der Apfel eine bedeutende Rolle – nämlich als Zeichen der christlichen Herrschaft, als Reichsapfel. Die weltliche Frucht wurde von weltlichen Herrschern zur Insignie der säkularen Weltherrschaft erhoben – als Reichsapfel mit dem Kreuz, in der Hand der deutschen Kaiser.

Jesus-Christus-Apfel

In der christlichen Kunst wurden Jesuskind und Mutter Gottes immer wieder mit einem Apfel in der Hand abgebildet. Diese Darstellung wird als Zeichen für die Vergebung der Sünden des Menschen und als Zeichen für neu geschenktes Leben gedeutet, also eine Verbindung zwischen der Geburt Jesu und der Hoffnung auf sich stets erneuerndes Leben. In dieser Symbolik des Apfels soll übrigens auch der Brauch wurzeln, den Weihnachtsbaum mit Äpfeln zu schmücken.
Auch in der darstellenden Kunst hat sich der Glaube an den Paradiesapfel durchgesetzt. Der Apfel blüht und gedeiht in vielen berühmten Gemälden, und die künstlerische Palette der Apfelfrucht reicht von Rubens bis Cézanne. Das Ölgemälde „Adam und Eva" von Peter Paul Rubens im Museo del Prado in Madrid zeigt Adam und Eva mit Apfel und Apfelbaum. Und Cézanne soll vor allem die Sorte Jonathan als Modell für seine Stillleben geliebt haben.

Friedrich Schillers Apfel-Inspirationen und Isaac Newtons Geistesblitz

Und wir lernten in der Schulbank, wie Wilhelm Tell, ein wahrer Meister der Armbrust, den Apfel vom Haupte seines Sohnes schoss. Angeblich ließ sich der Autor dieses klassischen Dramas Friedrich Schiller regelmäßig vom Duft reifer Äpfel inspirieren. Schiller soll während des Dichtens und Schreibens in der Schublade seines Schreibtisches stets vollreife Äpfel aufbewahrt haben. Und es war bekanntlich ein vom Baum fallender Apfel, der den Physiker Isaac Newton, unter jenem Apfelbaum sitzend, das Gesetz der Schwerkraft entdecken ließ.
Unvergleichlich ist auch die Internationalität dieser Frucht – in ihrer Beliebtheit wie auch im Vorkommen.

Mit Ausnahme der Tropen gedeihen Äpfel weltweit, wobei die Herzländer der Apfelkulturen heutzutage in Europa liegen. Zwischen Urapfel und Computerzeitalter liegen etwa 8.000 Jahre. Die Spuren des wilden Apfels reichen bis in die jüngere Steinzeit zurück. Der Wildapfel gilt als Urahne unserer heutigen kultivierten Apfelsorten. Archäologische Funde von verkohlten Resten von Frucht und Kernen belegen die Existenz des Wildapfels vor 8.000 Jahren.

Der Urvater des kultivierten Apfels

Als Urheimat des knackigen Kernobstes gelten Westasien und der Kaukasus. Der Urvater des Apfels wuchs in Alma At in Kasachstan auf. In den Berghängen Kasachstans, die von den alten Russen „Himmelsberge“ getauft wurden, sollen Botaniker das Ursprungsgebiet des Apfelbaumes entdeckt haben. Von dort wanderte der Apfel im Zuge der Völkerwanderungen nach Griechenland. Ob die Griechen oder die Römer die Kunst des Veredelns (durch Aufpfropfen) zuerst kultivierten, ist umstritten. Einerseits heißt es, dass die „Zähmung des Wildapfels“, also seine Kultivierung, erstmals von den Griechen entwickelt wurde. Zumindest war es der Grieche Hesiod, der im 8. Jahrhundert v. Chr. zum ersten Mal davon berichtete. Die Römer sollen dann um das Jahr Null die Veredelungskunst zur wahren Blüte gebracht haben. Eindeutig den Römern zuzuschreiben ist die Göttin Pomona. Mit Unterstützung dieser göttlichen Hüterin über Gärten und Früchte perfektionierten die Römer die Kultivierung der Äpfel. So werden die Römer auch weitgehend als Begründer der Pomologie anerkannt. Pomologen sind Obstexperten. Andere Quellen wissen, dass Chinesen schon im zweiten Jahrtausend v. Chr. die Kunst des Pfropfens praktizierten. Sei es wie es sei. Dieses Wissen um den „optimierbaren“ Apfelbaum hinterließen Chinesen oder Griechen oder Römer jedenfalls dann den Mitteleuropäern.

Liebesäpfel

In nordischen Mythen brachte es der Apfel sogar zum Symbol der Liebe. Im ländlichen Brauchtum galt der Apfel als Liebesorakel. Unverheiratete Mädchen holten sich in der Christnacht einen Apfel unter ihr Kopfkissen, auf dass ihnen im Traum der Zukünftige erscheine. Die Strahlkraft des Apfels reicht von Adam und Eva bis zum „Big Apple“. Für diesen Spitznamen der Metropole New York kursieren verschiedenste umstrittene Theorien und Legenden, die in der Jazzszene, Pferderennszene und Bordellszene angesiedelt sind.

Der Name des Rosengewächses

Der Apfel gehört zu den Rosengewächsen. Der botanische Name des Apfels ist nicht indogermanisch, sondern wurzelt im Lateinischen: malus (im Italienischen heute mela) oder pomus (im Französischen pomme). Der deutsche Name des Apfels stammt mit Sicherheit nicht aus dem Lateinischen. Das Wort soll sich aus dem althochdeutschen apful ableiten (niederdeutsch appel und keltisch aball).
Erst im 16. Jahrhundert entwickelten sich Äpfel zum Volksnahrungsmittel und hießen fortan in der Fachsprache malus sylvestris var. domestica. Äpfel haben sich fast über die ganze Welt verbreitet und entwickelten sich zum wichtigsten Obst der Welt.

Die Frucht der Verführung – Freispruch für den Apfel?

Wer einmal einen sonnengereiften Apfel frisch vom Baum gekostet hat, der wird wahrscheinlich vollstes Verständnis für Adam und Eva im Paradies zeigen. Allerdings soll es sich hier um ein großes historisches Fragezeichen handeln. Denn angeblich war bei dieser

Collage von Pinzgauer Schulkindern zum Apfel

verhängnisvollen Affäre gar kein Apfel im Spiel, sondern eine ganz andere, unbestimmte Frucht. Manche Forscher sagen diesen historischen Zwischenfall einer Zitrusfrucht nach. Vielleicht handelte es sich um eine Apfelsine. Somit träfe den Apfel überhaupt keine Schuld in dieser Affäre.

Erst später soll der Apfel sozusagen als Sündenbüßer in die Geschichte eingeschleust worden sein. Andererseits gab es natürlich auch schon damals im Zweistromland zwischen Euphrat und Tigris Äpfel. Und natürlich will man gerne (nicht nur im Schulunterricht) daran glauben, dass Eva ihren Adam mit einem köstlichen Apfel verführt hat. Ursprünglich ist ja auch in der Bibel „vom Baum der Erkenntnis von Gut und Böse … und von seinen Früchten" die Rede und nicht vom Apfelbaum.

Im Paradies des Geschmacks

Tatsächlich hat diese Frucht etwas Verführerisches. Sei es ihr saftiges, knackiges Fleisch oder ihr fein-säuerlicher bis süßer Geschmack, sei es als Küchenapfel oder als Rohkost und Tafelapfel.

Im 14. Jahrhundert, als Wilhelm Tell seinen Apfel abschoss, gab es etwa 1.000 Apfelsorten in Europa. Dieser unglaublichen Sortenvielfalt folgten auch magere Jahre. Viele alte Apfelsorten waren vom Aussterben bedroht, was sich auch im Landschaftsbild bemerkbar machte.

Bäume prägen die Landschaft, wobei vor allem Obstbäume eine blühende Idylle malen. Und ist es nicht so, dass ein Bauernhof ohne Obst- und Streuwiesen und ohne Apfelbäume irgendwie nackt wirkt? Denn natürlich sind Streuwiesen viel attraktiver als Industrieplantagen, wo Apfelbäume in Reih und Glied stramm stehen müssen.

Weltobst ohne Weltreise

Heutzutage reisen tonnenweise Industrie-Äpfel rund um die Welt, während umweltbewusste Apfelgenießer zu den Befürwortern der heimatverbundenen Sorten gehören. Je näher der Apfel bei seinem Stamm bleibt, desto besser für Umwelt und Zukunft. Äpfel, die keine Weltreise in LKWs, Schiffen oder Flugzeugen für ihre Landung in unseren Obstkörben brauchen, gehören mit Sicherheit zu den besten Obstsorten der Welt.

Denn auch der Weg oder Umweg, den ein Apfel bis zu seinem Genießer zurücklegt, macht den Unterschied in der Qualität aus. Und es stellt sich die Frage, was ein Bio-Apfel aus Argentinien noch mit dem ursprünglichen Bio-Gedanken zu tun hat.

Glücklicherweise macht sich in manchen Regionen auch ein Comeback der alten Apfelsorten bemerkbar – wie etwa in der „Genussregion Bramberger Obstsaft" im Pinzgau im Salzburgerland. Und mit regionalen Aktivitäten wie Apfelbaum-Pflanzaktionen und Kochkursen kommt die Apfelkultur wieder in Schwung. Engagierten Vereinigungen im Dienste einer gesund gewachsenen Obstkultur ist es zu danken, dass viele alte Apfelsorten in Zukunft nicht nur als Fußnoten der Botanik existieren.

Apfelbäume und ihre Früchte sind auch ein Stück Kultur, ein Stück eines Landes, ein Stück Lokalgeschichte. Es geht zudem darum, den Geschmack und Geruch vergangener Zeiten zu retten und ein Stück Erinnerung zu bewahren. Denn mit jeder alten Apfelsorte geht auch ein Geschmack verloren, ein Duft, ein Stück Identität und eine Portion Gesundheit.

Der Apfel als Medizin

Der Traum jedes Ernährungswissenschaftlers

Wer kann sich nicht daran erinnern, an das Zahnpastalächeln in der TV-Werbung und an die Worte „Damit Sie auch in Zukunft noch kraftvoll zubeißen können"? Und wer kennt sie nicht, die Volksweisheit: „An apple a day keeps the doctor away." Ein Apfel am Tag, mit dem Doktor kein Plag'. Was ist es nun konkret, was den Doktor auf Distanz hält?

Apotheke Apfel

Äpfel wirken schnell sättigend und sind verlässliche Durstlöscher. Sie helfen gegen Konzentrationsschwächen, denn der enthaltene Traubenzucker wirkt als Energiespender. Gestärkt werden auch die Abwehrkräfte des Körpers, was sich vor allem in der kalten Jahreszeit positiv bemerkbar macht.

Ein Apfel deckt etwa 12 Prozent unseres täglichen Ballaststoffbedarfs und 25 Prozent des Vitaminbedarfs. Vitamine sind gut für die Verdauung. Ein Apfel auf nüchternen Magen – am besten roh, ungeschält und gerieben – regelt die Verdauung. Es sind die Fruchtsäuren, die verdauungsfördernd wirken.

Äpfel sind besonders reich an Flavonoiden, denen eine ganz besondere Bedeutung zukommt. Die Flavonoide als sekundäre Pflanzenstoffe fangen die freien Radikale und wirken somit als Antioxidantien. Im Vergleich zu anderen Obstsorten zeigen sie eine der höchsten antioxidativen Wirkungen. Diese Wirkung steht wiederum in engem Zusammenhang mit der Prävention von Herz-Kreislauf-Erkrankungen. Regelmäßiger Genuss von Äpfeln soll vorbeugend gegen Herz-Kreislauf-Erkrankungen und Schlaganfall wirken.

Abwehrspezialist Quercetin

Wissenschaftliche Studien zeigen, dass die im Apfel enthaltenen Flavonoide unsere Darmzellen bei Abwehr und Abbau giftiger Substanzen unterstützen, womit das Risiko von Krebserkrankungen gemindert werde, besagen verschiedene Forschungen. Natürlich können verschiedene Faktoren wie Wachstumsbedingungen, Erntezeit, Lichteinfluss und Reife den Gehalt an Flavonoiden beeinflussen.
Ein besonders wichtiges Flavonoid ist das Quercetin. Es kommt vor allem in der Schale vor und soll die körpereigene Entgiftung krebsauslösender Substanzen bewirken. Amerikanische Universitäten entdeckten eine weitere positive Wirkung. Demnach soll der Apfel das Gehirn vor Schäden schützen, die Erkrankungen wie Alzheimer oder Parkinson auslösen. Der Apfel soll auch „bioaktive Komponenten" zur Verfügung stellen, die bei der „Minderung des Risikos für neurodegenerative Störungen" eine wichtige Rolle spielen. Als Schlüsselfaktor identifizierten die Wissenschaftler auch hier das bereits erwähnte Quercetin. Dieses Flavonoid soll in seiner Wirkung sogar noch effektiver sein als Vitamin C.

Schlankmacher und Fitmacher

Weiters punktet der Apfel mit seinen Mineralstoffen, die den Cholesterinspiegel senken helfen. Eine ganze Reihe von wissenschaftlichen Untersuchungen bestätigt, dass Äpfel sowohl bei Herz-Kreislauf-Beschwerden als auch bei Diabetes, Übersäuerung oder Übergewicht eine positive Rolle spielen.
Der Apfel ist somit ein veritabler Anti-Aging-Star oder besser: Well-Aging-Star. Denn gar nicht altern geht nicht, aber gesünder altern, das kann sehr wohl beeinflusst werden.

Äpfel sind fettfrei und cholesterinfrei, sättigen und wirken durch ihren hohen Wassergehalt durststillend.
Ein Apfel durchschnittlicher Größe hat ungefähr 50 bis 70 Kilokalorien und empfiehlt sich daher auch bei gesunden, bekömmlichen Diäten.

Mineralstoff-Cocktail par excellence

Auch mit seinem hohen Gehalt an Mineralstoffen schießt die Frucht den Vogel ab: Über 30 Mineralstoffe sind im Apfel enthalten.

Medizin ohne Rezept

Die Inhaltsstoffe einer natürlichen Apotheke

Die wertvollen Inhaltsstoffe sind auch von der Sorte abhängig. Doch im Durchschnitt enthalten 100 g eines rohen, ungeschälten Apfels ca.

84,4 g Wasser
10,9 g verwertbare Kohlenhydrate
3 g Ballaststoffe
0,2 g Eiweiß
144 mg Kalium
6 mg Kalzium
10 mg Phosphor
15 mg Natrium
6 mg Magnesium
0,30 mg Eisen
Vitamin A, B1, B2, C, E
50 kcal/209 kJ Brennwert

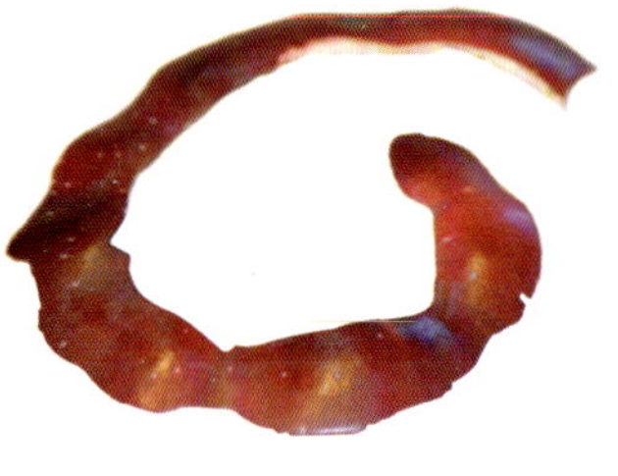

Nicht heiß waschen

Um in den Genuss der ganzen Fülle an Nährstoffen zu kommen, sollte man darauf achten, dass es sich um Früchte handelt, die am Baum ausgereift sind, möglichst von Chemikalien verschont und gut gewaschen sind. Apropos waschen: Apfel-Experten empfehlen, Äpfel nicht mit heißem Wasser zu waschen, weil dadurch zum Beispiel Spritzmittel oder Umweltbelastungen durch die Schale eindringen. Also nur kalt bis lauwarm waschen oder einfach trocken „abledern", das heißt mit einem Tuch polieren. Je nach Apfelsorte ist auch der Vitamingehalt verschieden. Die meisten Vitamine befinden sich in der Schale und in einer ganz dünnen Schicht darunter. Daher empfiehlt es sich, Äpfel mit Schale zu essen.

Der Vitamingehalt nimmt also von der Schale zum Kerngehäuse hin ab. Dort aber befinden sich die meisten Mineralstoffe im Kerngehäuse, etwa Kalium, Kalzium, Phosphor und Magnesium. Das Kalium entwässert und entschlackt. Daher der Tipp des Experten: Essen Sie den Apfel mit „Putz und Stingel"!

Veritable Vitaminbomben

Das meiste Interesse gilt landläufig dem Vitamin C-Gehalt. Die Apfelsorte Boskop enthält pro 100 g etwa 20 bis 30 mg Vitamin C. Granny Smith im Vergleich dazu nur 5 bis 10 mg.
Doch auch die anderen Vitamine sind nicht zu verachten. Vitamin B1 ist wichtig für das Nervensystem, die Verdauungsorgane und das Herz.
Vitamin B2 wirkt positiv auf die Atmung der Gewebe. Über Vitamin A freuen sich bekanntlich unsere Augen. Das im Apfel enthaltene Carotin wird von der Leber zu Vitamin A umgewandelt.

Apfel für Allergiker

Nicht alle Äpfel werden von jedem gleich gut vertragen, manche Sorten sind für gewisse Allergiker unverträglich. Die Verantwortung für diese Unverträglichkeit trägt ein Protein.
Untersuchungen in jüngster Zeit stellten fest, dass gerade junge Obstzüchtungen Allergien hervorrufen können, während das bei alten Apfelsorten nicht der Fall sein soll. Traditionelle Apfelsorten weisen einen hohen Gehalt an sogenannten Polyphenolen auf. Diese Wirkstoffe können die Eiweißstoffe blockieren, die im Fruchtfleisch enthalten sind und Allergien auslösen können. Gloster gilt übrigens als die Sorte, die für Allergiker am besten verträglich sein soll.

Kraftquelle Fruchtzucker

Nicht nur hinsichtlich seiner Vitamine und Mineralstoffe ist der Apfel ein Goldschatz. Der knackige Kraftspender bezieht seine belebende und stärkende Wirkung auch aus dem Fruchtzucker, der als frische Energie direkt ins Blut gelangt.
Bei geriebenem Apfel wird besonders viel Pektin freigesetzt. Daher werden Äpfel gerne ins Müsli gerieben, was übrigens auch gegen Durchfall hilft und zudem cholesterinsenkend wirkt.

Und wer macht den Geschmack?

Die Apfelsäuren wiederum wirken durststillend und entsäuern den menschlichen Körper.
Den Fruchtsäuren verdankt der Apfel übrigens seinen Geschmack. Auch hier ist bei vielen neuen Züchtungen leider oft der Trend festzustellen: resistent gegen alles und null Geschmack.

Natürliche Zahnbürste

Und schließlich gilt der Apfel als Zahnbürste der Natur. Beim herzhaften Beißen in einen Apfel erhalten unsere Zähne eine Art Vorreinigung, und das Zahnfleisch wird auf diese natürlich Weise massiert. Äpfel beugen auch gegen Karies vor. Der Genuss des Fruchtfleisches wirkt wie eine Zahnbürste. Die im Apfel enthaltene Säure kann im Mund Bakterien töten, die sonst den Zahnschmelz angreifen würden.

Apfel statt Chips

Im reizüberfluteten Alltag besteht der Feierabend oft aus Couch und Chips, sprich Faulenzen und Knabbern. Der ermüdete Konsument hat oft keine Energie mehr, sich dagegen zu wehren und sich richtig zu ernähren. Wobei das Argument Bequemlichkeit hier kaum überzeugen kann, denn ein Apfel ist genauso schnell geholt wie ein Packerl Chips geöffnet. Auch zwischendurch – als schneller Snack, als gesundes Fast Food oder Finger Food – empfiehlt sich das Kraftpaket Apfel. Ein Imbiss ohne Fett und mit belebender Wirkung. Also Apfel statt Chips. Oder – wenn es schon unbedingt Chips sein müssen – Apfel-Chips als vitalisierende Alternative.

Jeden zweiten Freitag im November wird der Tag des Apfels gefeiert. Ein hochoffizieller Festtag im Kalender, denn eigentlich soll das Jahr 365 „Tage des Apfels" zählen.

Apfelkultur im Pinzgau – der Geschmack der Heimat

Was wäre heutzutage ein Tafelspitz vom Pinzgauer Rind ohne Apfelkren?

Bramberg im Pinzgau im Salzburgerland ist vor allem als Smaragddorf bekannt – mit einem der letzten Smaragdvorkommen der Welt. Doch der beschauliche Ort war im 19. Jahrhundert auch ein bedeutender Schauplatz der Obstkultur im Gebirge. In historischen Hinweisen über die Entwicklung des Obstbaus im Pinzgau wird Bramberg als „der beste Platz für Gedeihen und Pflanzung von Fruchtbäumen" angeführt. Etwa um 1850 wurden folgende kultivierte Apfelsorten dokumentiert: Zwiebler, Borsdorfer, Weinling und Spitzling. Mit der Zeit gewachsen und bewahrt geblieben ist hier die Wertschätzung regionaler Produkte. Auch wenn das Naheverhältnis der Bevölkerung zu den Produkten ihrer Region vielleicht einmal kurz ins Wanken geriet, so wurden Werte wie Authentizität und Identität nie aus den Augen verloren. Schließlich geht es auch um den typischen Geschmack einer Region.

BioKratergarten der Familie Möschl in Bramberg

Rund um den Apfel entwickeln sich gerade im Pinzgau ständig neue Initiativen und Aktivitäten. Zum Beispiel ließ sich der Bramberger Bäckermeister Fritz Daxenbichler zu einem Apfelbrot inspirieren. Und Pinzgauer Metzger arbeiten an Projekten wie „Rind und Apfel", während im terrassenförmigen „BioKratergarten" am Schützingergut in Bramberg-Schönbach bereits über 40 verschiedene Sorten von Apfelbäumen gedeihen und als Bio-Bäume zertifiziert wurden.

Susanna Vötter-Dankl und Christian Vötter mit Haubenkoch Thomas M. Walkensteiner

Gewachsene Traditionen

Wesentlich beteiligt an der Renaissance des Apfels und der alten Apfelsorten im Pinzgau ist der gemeinnützige Verein Tauriska in Neukirchen am Großvenediger, der 1986 von Alfred Winter, dem Landesbeauftragten für kulturelle Sonderprojekte, gegründet wurde. seit 1988 leiten Susanna Vötter-Dankl und Christian Vötter den Verein mit viel Engagement. Auf Initiative von Tauriska wurde zusammen mit dem Obst- und Gartenbauverein Bramberg die Bramberger Obstpresse ins Leben gerufen. Die Vereinsphilosophie fußt auf den Grundsätzen des Salzburger Philosophen Leopold Kohr, der u.a Grundsätze wie „Rückkehr zum menschlichen Maß" prägte und für den die Qualität des Einfachen und die Nachhaltigkeit zentrale Werte bildeten. Wer einmal seine eigenen Äpfel zur Obstpresse gebracht hat, will keinen Saft mehr trinken, der aus anonymen Früchten von irgendwo und mit irgendwelchen chemischen Zusätzen hergestellt wurde. Dass die meisten Obstbäume im Pinzgau ganz ohne Kunstdünger und chemische Spritzmittel auskommen, versteht sich von selbst.

Schatztruhe

Rendezvous mit dem Apfel

Und wenn ein kerniges Pinzgauer Bürschchen von der Schule zur Bramberger Obstpresse spaziert und Apfelsaft verlangt, so ist das wohl das schönste Kompliment für Qualität, für die regionale Obstpresse und ein erfreuliches Zeichen der Nachhaltigkeit.

Der Erfolg der Bramberger Obstpresse

2007 wurde Bramberg mit seinem Bramberger Obstsaft zur Genussregion erklärt. Der Obst- und Gartenbauverein Bramberg betreibt eine eigene Obstpressanlage im Gebäude des Wilhelmstalls beim Museum Bramberg. Dort werden auch Kleinmengen verarbeitet. Das Projekt Obstpresse erstreckt sich zurzeit auf die Gemeinden Bramberg, Hollersbach, Krimml, Neukirchen und Wald im Oberpinzgau. Und wie die Augen glänzen, wenn die Apfelbaumbesitzer mir ihren eigenen Äpfeln herbeikommen und kurz darauf mit ihrem eigenen Saft von eigenen Bäumen wieder heimfahren können. Auch die Anfahrt der Früchte war schon sehr kurz. Die Äpfel müssen also keine weite Reise unternehmen und die Umwelt nicht unnötig belasten.

Handarbeit trifft Technik

Die Bramberger Obstpresse macht Karriere und Furore – weit über die Grenzen hinaus.

Die Geburt eines Lebenselixiers

Der Obst- und Gartenbauverein Bramberg zählt um die 400 Mitglieder. Obmann ist Toni Lassacher, der zudem als Gastwirt das Bergrestaurant Wildkogel führt. Dass er dort oben am Berg Apfelradeln und Apfel-Sellerie-Suppe aufkocht, versteht sich von selbst.

Vorsicht Suchtgefahr! Aber vom Feinsten

Schon im Juli kommen die ersten Äpfel zur Obstpresse. Manche Bauern bringen 20 Kilogramm, andere einen ganzen Wagen voll. Die Verwandlung vom Apfel zum Saft ist denkbar einfach. Die Äpfel (und für gemischte Säfte auch anderes Obst) werden gewaschen, gehäckselt und gepresst. Dann gelangt der Saft zu einer Zentrifuge, welche die festen Teilchen (Satz) vom Saft trennt. Anschließend wird der Saft schonend und langsam auf ca. 74 Grad Celsius erhitzt. Auf diese Weise bleibt das Aroma zur Gänze erhalten. Danach wird der naturtrübe Saft in Fässer oder Boxen abgefüllt. Diese praktischen „Bags in Box“ (mit 3, 5 oder 10 Litern) halten den Saft im Vakuum über Jahre frisch. Einmal geöffnet hält der Saft problemlos noch einige Monate – wenn er nicht vorher schon ausgetrunken wurde ...

Die ideale Saft-Mischung besteht laut Toni Lassacher aus drei Apfelsorten, eine „Cuvée“ sozusagen. In der Regel bestehen die Bramberger Obstsäfte zu gut zwei Drittel aus Apfelsaft und einem Drittel Birnensaft. Bei besonders schmackhaften, saftigen Äpfeln steigt der Apfelanteil im Obstsaft bis zu 80 Prozent.

Geheimrezept Zeit

Auch beim Obstpressen gilt: Zeit ist Qualität. Ganz wesentlich ist das Abwarten des Reifeprozesses. Zwischen Apfelbaum und Baumbesitzer besteht oft ein sehr persönliches Naheverhältnis. Auch diese Beziehung zum Apfelbaum wächst mit der Zeit, denn mit dem Baumpflanzen alleine ist es nicht getan. Dann kommt die Baumpflege, der Baum will zum Beispiel fachmännisch geschnitten werden. Das ist die Arbeit eines Baumwartes, der meist auch ausgebildeter Imker ist. Denn natürlich gibt es keine gesunden Äpfel ohne Bienen. Die Ernte bedeutet einen weiteren Höhepunkt im Jahresablauf eines Baumes und seines Besitzers.

Kinderlied

In einem kleinen Apfel
da sieht es niedlich aus.
Es sind darin fünf Stübchen,
grad wie in einem Haus.

In jedem Stübchen wohnen
zwei Kernlein, schwarz und klein,
die liegen drin und träumen
vom warmen Sonnenschein.

Sie träumen auch noch weiter
gar einen schönen Traum,
wie sie einst werden hängen
am schönen Weihnachtsbaum.

*(Verfasser unbekannt,
Musik von Wolfgang A. Mozart)*

Der Apfelbaum macht Schule

„Mein Baum heißt Berner Rose“

„Hallo, mein Name ist Berner Rose, aber meine Freunde nennen mich Rosi. Ich habe einen kugelrunden Bauch und bin am ganzen Körper karminrot. Wenn man mich auf den Kopf stellt, habe ich einen Fuß und ein paar raue Haare … Der Baum ist mein Zuhause.“ So beschreibt Annemarie (Klasse 3a, Hauptschule Bramberg) ihr persönliches Aussehen in einem Schulaufsatz, den sie im Rahmen des Schulprojektes Baumpatenschaften in Bramberg verfasst hat. Annemarie ist in die Rolle ihres Lieblingsapfels (Berner Rosenapfel) geschlüpft.

„Der Baum ist mein Zuhause“

Gestartet wurde die Aktion „Wir pflanzen einen Apfelbaum“ durch den Verein Tauriska, die Gemeinde Bramberg, den Obst- und Gartenbauverein und den Salzburger Naturschutzfonds. Die Schüler der ersten Klassen der Hauptschule Bramberg pflanzten etwa 70 Apfelbäume. Auch im Frühjahr 2008 fanden junge Apfelbäume ihre Paten und einen geeigneten Platz in idyllischer Lage gleich vor der Hauptschule Bramberg. Zu den Baumreihen aus dem Vorjahr gesellten sich somit 60 weitere Jungbäume, u.a. die Sorten Berlepsch, Gravensteiner, Alkmene und Kronprinz Rudolf.
Die Kinder konnten sich ihre Lieblingssorte selber aussuchen. Isabel zum Beispiel wählte Kronprinz Rudolf: „Weil der so schön ist und so gut schmeckt.“

„A Tafei“ für Kronprinz Rudolf

Für das Thema Apfel kann Schuldirektorin Waltraud Hochfilzer ihre jungen „Obstbauern und Obstbäuerinnen“ auch fächerübergreifend begeistern, etwa in Zeichnen, Biologie, Deutsch und Hauswirtschaft. Auch der gekonnte Schnitt des Bäumchens will schon früh gelernt sein. Und im Werkunterricht wurden von den begeisterten Kindern „Tafein“ (Tafeln auf Pinzgauerisch) gebastelt und bei den Apfelbäumchen aufgestellt. Jeder Baum trägt den Namen des Kindes, das ihn eingepflanzt hat, also zum Beispiel Eva Bramberger-Gravensteiner.

Kreativer Nistplatz für Marienkäfer als Nützlinge

Marienkäfer helfen mit

An einem Bäumchen baumelt ein winziger Tontopf, der mit einem Fingerhut voll Holzwolle gefüllt ist. „Das soll die Marienkäferln anlocken“, verrät Isabel. Dieser kleine Topf ist ein begehrter Nistplatz für Marienkäfer. Marienkäfer sind herzlich willkommen, denn sie stürzen sich mit Vorliebe auf Schädlinge wie Blattläuse. Regenwürmer und Bienen sind ebenfalls beliebte Gäste in der Baumschule vor der Hauptschule. Diese Nützlinge sind sehr gefragt. Wenn es den Nützlingen gut geht, dann geht es auch den Bäumchen gut. Für die Nützlinge (und für das Auge) wachsen zwischen den Apfelbäumchen Ringelblumen und Kapuzinerkresse. Auch ein Vogelhaus als Nistkasten zieht Nützlinge an. Bis zum Herbst sollen die Bäume etwa eine halbwüchsige Größe erreichen. Dann ist es Zeit für den sogenannten Erziehungsschnitt. „Der Baum soll nicht wie ein Besen nach innen wachsen. Man denke sich etwa die Form eines Daches. Die unteren Seitenäste sollen etwas flacher liegen", erläutert Fachlehrer Georg Kirchner im Schulgarten. Der Schnitt sei sehr wichtig, schließlich brauchen die Früchte zum Reifen und manchmal auch zum Rotwerden genügend Licht.

Baumschüler, emsig wie die Bienen

Mit jedem Handgriff wachsen Bewusstsein und Beziehung der Kinder zu ihrem Baum. Man muss schließlich aufpassen, dass dem hölzernen Schützling nichts passiert. Die Schüler kommen in der Pause schauen, wie es ihren Bäumchen geht. Völlig unbemerkt wächst ein Gefühl der Verantwortung und Gemeinsamkeit heran, wie auch die Freude an dieser außergewöhnlichen „Arbeit". Ganz freiwillig und noch dazu von sichtbarem Erfolg gekrönt. Drei Schuljahre hindurch werden die Bäume namens Nina, Isabel, Alexander und Lukas von den Schulkindern gepflegt. Bis sie zum Schulabgang in die heimatlichen Gärten der Schüler wandern und dort weiter blühen und gedeihen.
Zuvor aber heißt es: 1. Pflege, 2. Pflege und 3. Pflege. Mit viel Liebe und Begeisterung übernehmen die jungen GärtnerInnen die Fürsorge für ihren Apfelbaum. Sie kümmern sich sogar um den Nachbarbaum, falls die Besitzerin gerade einmal krank sein sollte und nicht zum Gießen kommen kann. „Unglaublich, was das auslöst. Die Kinder werden viel ruhiger und konzentrierter. In diesen Klassen haben wir kaum Probleme. In den Pausen besuchen sie ihren Apfelbaum und haben gar keine Zeit, auf andere Gedanken oder Streiche zu kommen", stellt die Direktorin der Hauptschule Bramberg fest.

Vogelhäuschen für nützliche Apfelbaumgäste

„Insare Baam": Mein Baum und dein Baum

Isabel werkt konzentriert mit der Gartenkralle. Tamara und Caroline legen zur Sicherheit mit Steinen einen schützenden Rand um ihre beiden Bäumchen vom Typ Kronprinz Rudolf.

Alexander alias Roter Berlepsch legt mit Hingabe zwischen den Baumbeeten einen Pflasterweg in Miniatur. Während Anna gießt und gießt und gießt – ihren eigenen und den Nachbarbaum. Und dort, bei Lena – Ehrenwort – wächst tatsächlich ein Vergissmeinnicht.

Die SchülerInnen staunten nicht schlecht, als ihre jungen Bäumchen schon im Jahr des Pflanzens ganze vier wunderbare Äpfel trugen. Ist ein Wunder geschehen? Zur Feier des Nikolaus-Tages hat Lehrer Georg Kirchner der Natur ein bisschen nachgeholfen. Denn zwischen der Pflanzung eines Apfelbaumes und der Ernte der ersten Früchte vergehen natürlich einige Jährchen. Die vier wundersamen Nikolo-Äpfel wurden in hauchdünne Scheiben geschnitten, und so konnte jeder Baumschüler davon kosten. So wächst und wächst und wächst eine starke Beziehung zu einem gesunden Lebensmittel, das seinen Namen noch verdient.

Pinzgauer Schulkinder beim Hegen und Pflegen ihrer frisch gepflanzten Apfelbäume in Neukirchen

Jüngste Apfelbaum-Patenschaften

Auch die Hauptschule in Neukirchen am Großvenediger feierte eine Baumpflanz-Premiere mit ihren Schulklassen. Die Aktion soll in Zukunft auf weitere Schulen im Bundesland Salzburg ausgedehnt werden.

Keltisches Baumhoroskop

Bei den Kelten galt der Apfelbaum als Baum der Erkenntnis. Im keltischen Baumhoroskop heißt es für Menschen, die an Apfeltagen geboren wurden (zwischen 23.12. und 1.1. sowie zwischen 25.6. und 4.7.), sie seien besonders einfühlsam, gütig und großzügig sowie Vermittler zwischen Gut und Böse.

Ein Apfel-Bekenntnis, das **Martin Luther** zugeschrieben wird: „Wenn ich wüsste, dass morgen die Welt untergeht, würde ich heute noch ein Apfelbäumchen pflanzen."

Die Goldschätze des Bramberger Pomariums

Bäume haben uns Menschen einiges voraus. Schweigsam beobachten sie so manche Verirrungen der Menschheit. Und in Zeiten der Globalisierung und Industrialisierung ist festzustellen: Fast noch seltener als alte Apfelbäume sind heutzutage Menschen, die vom natürlichen Umgang mit diesen Schätzen noch berichten können. Solche Menschen umsorgen ihre Bäume wie geliebte Kinder. Zu jeder Jahreszeit, nicht nur von der Blüte bis zur Ernte, prägen Obstbäume das Landschaftsbild. So auch im Pinzgau im Salzburgerland. Auf den fruchtbaren Bergwiesen von Reitlbauer Alois Steiner in Bramberg wurde 1990 das „Pomarium" ins Leben gerufen. Auf Streuobstwiesen in traumhafter Hanglange auf 900 Metern stehen seine teils uralten Obstbäume Apfel, Zwetschke, Nuss und Kirsche.

Alois Steiner ist ausgebildeter Baumwart und blickt mit Stolz über seine idyllischen Wiesen und kerngesunden

Obstexperten Toni Lassacher und Alois Steiner

Bäume, die er großteils eigenhändig veredelt hat. Beim Besuch dieses Pomariums und beim Fotografieren der stattlichen Prachtexemplare kommt man unweigerlich ins Schwärmen. „Mein Gott, ist dieser Baum schön gewachsen." Zu vorlaut gedacht, denn Baumwart und Bauer Alois Steiner korrigiert sogleich schmunzelnd: „Schön gewachsen, ja ja, aber auch sehr schön gepflegt!" Beim Baumschnitt ist auch die Sorte zu beachten. Ein Apfelbaum mit mehr Belaubung (wie etwa die Sorte Boskop) ist „lichter, heller zu schneiden, damit seine jungen Früchte mehr Licht bekommen. Dieser Baum hier muss so geschnitten sein, dass man einen Hut durchschmeißen könnte". So können Wind und Sonne das regennasse Blattwerk und die Äpfel wieder schneller trocknen, ein Vorteil gegen Schädlinge. Auch Vögel sind verlässliche Helfer gegen Schädlinge. Daher leben im Bramberger Pomarium u.a. Meisen und Kleiber als Nützlinge.

Kluge Bäume – manche Äpfel fallen früher vom Stamm

Obstbäume sind von Natur aus clever und können auch ihre eigene Zukunft mitbestimmen. Wenn ein Baum merkt, „so schaffe ich das heuer nicht", dann wirft er einen Teil der kleineren Äpfel ab, um seine Kraftreserven für die besten Früchte aufzuheben. Und der gesunde Ertrag ist vorerst einmal gesichert.

Beim Schnitt muss der professionelle Baumwart ein bisschen nachhelfen. Der Experte unterscheidet zwischen dem Erziehungsschnitt während der ersten zehn Lebensjahre und dem darauffolgenden Instandhaltungsschnitt und Verjüngungsschnitt. Das Wissen erfahrener Baumwarte, das Know-how, welche Apfelsorten wie und wo am besten gedeihen, ist sehr gefragt. Übrigens: Wer sich um Obst kümmert, muss sich auch um die Bienen kümmern. Denn kein Apfel ohne Biene. Ein Apfelbaum lebt aber auch von Sonne, Regen und Boden. Lage und Standort prägen den Charakter und Geschmack seiner Früchte. „Der Baum dreht sich zur Sonne und trägt dort die schönsten Früchte", verrät Alois Steiner. Die Sonne zeichnet auch für den Fruchtzucker verantwortlich und daher kann es bei Äpfeln ganz natürliche Jahrgangsunterschiede geben. Auch das Wetter während der letzten Reifewochen sei sehr wichtig. Fachlichen Rat und Tipps für ihre privaten Obstbäume daheim holen sich hier im Pomarium interessierte Apfel-Liebhaber aus nah und fern.

Bruder Baum lebt von Luft, Licht und Liebe

Im ländlichen Raum gibt es noch Menschen, die von ihren Obstbäumen sprechen wie von Mitmenschen, Verwandten oder Freunden. So erzählt eine wissenshungrige Besucherin im Pomarium von ihrem eigenen Obstgarten zu Hause: „Ein Baum war in diesem Jahr ein bisschen krank. Er hat mir nur ganz wenige, kleine Äpfelchen geschenkt, aber immerhin."

Vertraute Bäume sind wie alte Freunde, die im Laufe der Jahre natürlich etwas gebrechlich werden können. So ist der Lauf der Natur – und die Jugend kommt nach, auch im Pomarium. In diesem malerischen Obstgarten sind noch Raritäten wie 80-jährige Hochstämme zu bewundern, „wobei wir natürlich auch immer wieder jüngere Bäume nachsetzen", so Reitlbauer Alois Steiner. Er weiß auch um die Schwächen mancher Bäume und zugleich viele Tipps zur Verwendung der verschiedenen Sorten: „Der Berner Rosenapfel etwa eignet sich gut für frische Säfte. Aber er wird in einem feuchten Sommer leicht schorfig, das ist seine Schwäche." Bei Apfelsäften bevorzugt der Patron des Pomariums sozusagen Cuvées, also Mischungen. Zum Beispiel besagten Berner Rosenapfel, zusammen gepresst mit Kronprinz Rudolf und Lederapfel.

Und Toni Lassacher, Gastwirt im Bergrestaurant Wildkogel, fügt hinzu: „Der Lederapfel oder Lederer ist wegen seiner Säure auch ein idealer Kochapfel."

Jause in Traumlage

In dieser Traumlage kommen natürlich auch Vögel gerne zur Apfel-Jause eingeflogen. Amseln, Drosseln und Eichelhäher lieben – wie schon der Name verrät – die sogenannten Vogelkirschen. Alois Steiner hat daher extra für die Vögel einen „Keaschbam" (Kirschbaum) gesetzt, quasi als Ablenkungsmanöver, damit die Vögel seine anderen Obstbäume verschonen.

Die Apfelsorten: Oldies und Evergreens

Hand aufs Herz: Hat nicht der Apfel in Mutters Garten anders geschmeckt als viele Äpfel, die heutzutage oft aus fernen Ländern eingeflogen werden?
Und müssen Äpfel eingeschweißt sein und immer alle gleich groß und gleich schön sein? Eigentlich nicht, denn es schmeckt nicht alles gut, was glänzt. Es muss nicht immer ein Bilderbuch-Apfel auf Hochglanz sein. Ein kleiner Schönheitsfehler kann die verführerische Frucht einer alten Sorte so richtig begehrenswert machen. Hier prallen die Welten der EU-Normen und Individualität aufeinander.

Eine Naturschönheit

Der Apfel ist eine Naturschönheit, mit seiner sanften Figur, den weichen Rundungen und mit seiner Haut oder Schale, einem Teint in verschiedensten Farbnuancen. Und mit aufregenden Namen wie Kuhmoi oder Croncels. Er darf auch Mut zur Delle zeigen. Seine Haut darf auch einmal sommersprossig sein. Viele Konsumenten, die beharrlich Bilderbuchäpfel verlangen, vergessen dabei ganz auf den Geschmack. Wie köstlich aber kann ein schrumpeliger Apfel schmecken. Äpfel mit Sommersprossen sind durchaus attraktiv.
Außerdem wurde die Qualität von Äpfeln früher nicht nur nach Aussehen und Geschmack gemessen. Obstbauern schätzten manche Sorten auch wegen ihrer guten Lagerfähigkeit. Natürlich wohnt heutzutage nicht jedermann bei seinem eigenen Apfelbaum, doch je näher der Apfel wächst, desto besser, weiß der umweltbewusste Feinspitz.

Äpfel sind ein Teil unserer Kulturgeschichte, und sie stehen auch für Authentizität und Identität einer Region. Zur Regionalität kommt die Originalität dieses Lebensmittels, dessen Eigenschaften einzigartig sind. Äpfel sind zudem das Lieblingsobst der Österreicher. Im Durchschnitt „verputzt“ jeder Österreicher 28 Kilo Äpfel im Jahr.

Knackig und saftig: Klarapfel oder „Bartlmä-Apfel“

Wenn Sommersprossen vom Baum lachen

Als Wilhelm Tell auf den legendären Apfel schoss, waren in Europa um die 1.000 Apfelsorten bekannt. Sehr stark variieren heute die Zahlen in der Literatur, nämlich zwischen 4.000 und 20.000 Sorten weltweit. Jedenfalls geht es stets um das Überleben einer gesunden Vielfalt. Und nicht jeder Apfel ist rund. Es gibt birnenförmige oder kegelförmige, kugelförmige bis längliche Varianten. Ebenso weit gestreut ist die Bandbreite des Geschmacks. Auch die Farbpalette der Äpfel ist besonders bunt. Sie reicht von Grün über Gelb bis Braun oder Rot bis Violett. Manche Sorten sind gefleckt, gesprenkelt oder gestreift. Das Fruchtfleisch zeigt sich weiß oder grünlich, golden oder zart rosa. Unvergesslich, wenn man einmal in die rosafleischige Sorte Roter Herbstkalvill gebissen hat.

Haben wertvolle Nützlinge ausgedient?

Die industrielle Apfelproduktion sucht auch Problemlöser gegen Krankheiten im Obstgarten. Daher werden Bäume und Äpfel in Plantagen oft mit Chemikalien gespritzt, während natürliche Schädlingsbekämpfer wie Vögel und andere Nützlinge im Obstgarten nicht mehr herangezogen werden.

Auch bei der Zucht zeigt sich die Menschheit ambivalent. Auf der einen Seite ist ein internationaler Wettlauf der Züchter zu beobachten, die sich im globalen Apfelhandel ereifern. Andererseits werden von engagierten Pomologen (Obstwissenschaftlern) inzwischen regionale alte Apfelbäume kartiert, die schon vom Verschwinden bedroht waren.

Bunte Mischung der Vitaminspender aus Max Kaserers Obstgarten

Alte Apfelsorten – die wahren Goldschätze

Es gibt sie noch, die Apfelbauern, Züchter und Pomologen, die weiterhin (oder wieder) die guten alten Sorten anbauen und die Äpfel ihrer Vorväter wieder hochleben lassen. Tatsächlich sind alte Apfelsorten als wahre Schätze zu betrachten. Denn im Gegensatz zu vielen modernen Züchtungen sind sie meist noch resistent gegen Schädlinge und Krankheiten wie Feuerbrand oder Mehltau. Auch Sternekoch Thomas M. Walkensteiner ist ein ausdrücklicher Befürworter alter Apfelsorten, die einfach besser schmecken.

Zu den Naturgesetzen des Apfels gehört zudem der Unterschied von Frühsorten und Spätsorten, von Pflückreife und Genussreife. Die globale Industrie nutzt auch dieses Naturgesetz gezielt für die Vermarktung – in Form von Frühäpfeln, Sommer-, Herbst- und Winteräpfeln, die rund um die Welt geschickt werden, angeblich immer auf Verlangen und Wunsch der Konsumenten. Glücklicherweise arbeiten internationale und regionale Vereinigungen an der Renaissance der Altapfelkultur und an der Wiederbelebung von Streuobstwiesen – sozusagen in Opposition zur Überflutung mit makellosen und genormten Industrieäpfeln.

König der Früchte mit noblen Namen

Die königliche Familie der Äpfel kennt viele prominente Sorten, u.a. Kaiser Wilhelm, Geheimrat Breuhahn, Geheimrat Oldenburg, Geflammter Kardinal und Freiherr von Berlepsch. Ein Mitglied der Familie, Kronprinz Rudolf, ist ein traditioneller Steirer (um 1873) und wirkt etwas klobig in der Figur, besticht aber mit seinen roten Bäckchen und dem saftreichen, süß-säuerlichen Fruchtfleisch. Der alte Habsburger tummelt sich gerne in den gehobenen Kreisen der Apfelkenner. Manche Apfelsorten heißen allerdings gebietsweise verschieden und auch die Schreibweisen variieren, zum Beispiel Boskop oder Boskoop, Schafsnase oder Schafnase.

Die Evergreens

Zu den meist gekauften Äpfeln gehören Jonagold, Elstar, Idared, McIntosh, Rubinette und Granny Smith. Aber immerhin befinden sich darunter in Österreich auch noch einige alte Apfelsorten: Gravensteiner, Glockenapfel, Boskop, Cox Orange und Golden Delicious.

Doch wer kennt noch Schafsnase und Goldparmäne? Die Sorte Goldparmäne ist bereits ein Methusalem. Ihr erstes Vorkommen wird um 1510 in der Normandie datiert. Und falls jemand die alte Sorte „Geflammter Kardinal“ auftreiben sollte: Sie eignet sich hervorragend für die Herstellung von Saft und Most.

Die Kunst der Identifizierung

Die Klassifizierung der Apfelsorten ist nicht unkompliziert, ja sogar höchst delikat und richtet sich u.a. nach Form, Farbe, Duft, Geschmack, Schale und Verwendung. So gibt es klassische Saft-Äpfel und beliebte Koch-Äpfel. Sogar für geübte Experten ist die Sortenbestimmung oft eine knifflige Sache. Daher werden Äpfel meist paarweise fotografiert, ein Apfel am Kopf liegend und einer sozusagen am Hinterteil, um die Frucht von allen Seiten inspizieren zu können.

Zur Sortenbestimmung eines Apfels wollen Pomologen oft den ganzen Baum sehen, seinen Standort und Wuchs. Denn die regionalen Unterschiede sind beachtlich. Begutachtet werden sowohl Äpfel, die noch am Baum hängen, als auch halbierte Äpfel, um deren Kerngehäuse und Kerne zu bestimmen. So fundamental wie ihre Namen unterscheiden sich auch die Charaktere der Äpfel. Manche sind knackig und fest, andere wiederum zart und weich. Sie können säuerlich, herb, süß oder würzig sein. Kronprinz Rudolf etwa ist knackig und saftig.

Kriterien wie Lagerung, Reifung und Reifezeitpunkt der verschiedenen Sorten bestimmen ebenfalls die Qualität eines Apfels. Und auch die Haltbarkeit hängt von der Sorte ab. „Je härter, desto besser haltbar“, meinen Apfel-Experten. Manche Äpfel brauchen ein ganz bestimmtes Klima. Und auch die Jahrgänge können variieren, so wie im Weinbau die Menge des Regens und die Sonnenbestrahlung die Qualität der Trauben beeinflussen. Ganz zu schweigen von Hagel und sonstigen Unbilden des Wetters, welche die Ernten – beim Wein wie beim Tafelobst – trüben können.

Die Stars in der Küche

Und nicht zuletzt geht es Feinschmeckern natürlich um das Wissen, welche Äpfel sich für welche Gerichte eignen, welche Sorte etwa für ein Apfelkompott oder Apfelsorbet besser passt. In der harmonischen Apfelküche kommt es immer zu einem Spiel der Säure und Süße. Cox Orange Pippin und Goldparmäne zum Beispiel gelten als Allrounder und eignen sich gut zum Rohessen, für Salate sowie zum Kochen und Backen. Einerseits empfehlen sie sich wegen des saftigen, aromatischen Fruchtfleisches als Rohkost, andererseits wegen ihrer Festigkeit auch als ideale Koch-Äpfel.

Zum Backen ist zum Beispiel Gravensteiner (der aus Schleswig-Holstein stammen soll) hervorragend geeignet. Gravensteiner gilt als besonders alter Haudegen unter den Apfelsorten. Sein erstes Auftauchen wird um 1669 datiert (in Dänemark und Deutschland).

Auch James Grieve, ein alter Schotte, eignet sich gut zum Backen. Boskop ist ein beliebter Allzweckapfel, einfach zum Reinbeißen und gut für kalte oder warme Küche. Ontario, eine Sorte aus Kanada (1874), ist ideal für Bratäpfel. Beim Apfel-Kochworkshop 2007 in Bramberg im Pinzgau arbeitete auch Haubenkoch Thomas M. Walkensteiner mit alten Apfelsorten wie Schafsnase, Roter Boskop, Roter Delicious, Alkmene, Jakob Fischer und Croncels. Und er ist überzeugt: „Alte Sorten sind gesünder und schmecken auch besser.“

Bei Croncels handelt es sich sozusagen um einen alten Franzosen. Diese Sorte tauchte um 1869 erstmals in Frankreich auf. Jakob Fischer hingegen stammt ursprünglich aus Baden-Württemberg (um 1903).

Alte Apfelsorten aus dem Obstgarten von Max Kaserer

Max Kaserer hegt und pflegt in seinem Obstgarten in Wald im Pinzgau um die 50 verschiedene Obstsorten, die er zu Apfelsaft, Dörrobst, Marmelade, Likör und Schnaps verarbeitet. Max Kaserer ist auch begeisterter Imker, der für seinen Honig mit dem Preis der „Goldenen Wabe" ausgezeichnet wurde. Natürlich richten sich die Angaben zu Reife und Haltbarkeit der folgenden Äpfel auch nach klimatischen Verhältnissen und sind daher jedes Jahr ein bisschen verschieden.

Croncels

oder Frauenapfel (auch Eisapfel oder Strohapfel)
Der Baum ist frosthart und reich tragend. Lange Blütezeit. Schorfempfindlich. Leuchtend gelber und kugeliger Tafelapfel. Feinaromatisch im Geschmack, süß bis mild. Geeignet für Dörrobst und Gelee.

Freiherr von Berlepsch (Roter Berlepsch)

Der Baum wächst nur mittelstark, ist frosthart. Die Erträge sind reichlich und regelmäßig. Ein mittelgroßer bis kleiner, sehr gefragter Apfel, der zu den Goldreinetten gehört. Grünlich-gelb bis hellgelb-orange. Edles Fruchtfleisch, sehr säuerlich und reich an Vitamin C.

Glocken- oder Prinzenapfel

Gut geeignet auch für Höhenlagen bis zu 800 Metern, hält auch raue Standorte aus. Pflückreif ab Ende September, genussreif ab Oktober, haltbar bis Jänner. Schale grünlich-gelb bis rot. Gelblich-weißes Fruchtfleisch, fein und saftig. Angenehme Säure bei ausreichend hohem Zuckergehalt, wohlschmeckend, sehr sortentypische Würze. Guter Tafel- und Wirtschaftsapfel, der sich auch zum Dörren eignet. Zur Lagerung empfiehlt sich ein kühler, luftfeuchter Keller, da die Frucht sonst leicht welkt.

Gloster

Der Baum stellt fast keine speziellen Ansprüche. Für reichen Ertrag ist jedoch tiefgründiger Boden erforderlich. Blüten und Holz sind wenig frostempfindlich. Die Früchte hängen einzeln und sind windfest. Dunkelrote Frucht, grün-gelbliches, saftiges Fruchtfleisch, säuerlicher Geschmack. Aromatischer Tafelapfel.

Golden Delicious (Roter Delicious)

Ein anspruchsvoller Baum. Verlangt kräftigen Schnitt, warmes Klima und guten Boden. Regelmäßiger Ertrag. Schorfanfällig. Bis zum Frühjahr haltbar. Frucht mit wenig Fruchtsäure, sehr süße Edelsorte. Wohlschmeckend.

Gravensteiner

Baum mit starkem Wuchs, jedoch schorfanfällig. Später Ertrag, alternierend. Herbstapfel. Große flachkugelige Gestalt. Ein sehr schön gefärbter Aroma-Apfel der alten Garde. Hellgelb bis hellrot. Rotgestreifte bis geflammte Frucht, feinaromatisch und duftend. Ausgezeichneter Tafelapfel.

Grüner Stettiner (Zwiebler, Salzburger)

Der Baum ist starkwüchsig, breitkronig und tragfreudig. Wächst bis 1.000 Meter Seehöhe. Unempfindliches Laub. Die Frucht ist überaus säurereich, ein wertvoller Küchen- und Mostapfel.

Glockenapfel

Roter Delicious

Jakob Fischer

James Grieve

Jakob Fischer
Erstes Auftauchen: 1903 Baden-Württemberg. Starkwüchsiger Baum ohne besondere Ansprüche an den Boden. Frosthart und auch für raue Lagen geeignet. Große rote Frucht, süß-säuerlich im Geschmack.

James Grieve (Paradeiser- oder Rosenapfel, auch Rotstreifling)
Ehemalige Plantagensorte, die sich im Pinzgau den Höhenlagen angepasst hat. Frostharter Baum, der zwar schwach wächst, aber überaus ertragreich ist und mit langer Lebensdauer. Mittelgroßer Tafelapfel, rotgestreifte Frucht, saftig-säuerlicher Geschmack.

Königinapfel
Der Baum (starktreibig) ist im Flachgau und Pinzgau verbreitet. Die Frucht ist auffallend groß und breit. Grundfarbe gelb, mit kräftiger roter Streifung. Ein beliebter Apfel in der Küche.

Kronprinz Rudolf
Beliebter Speiseapfel. Wächst bis 800 Meter Seehöhe. Der Baum verlangt ausreichend feuchten Boden und kann bis zu 80 Jahre alt werden. Form der Frucht: flachkugelig-rund. Gelblich-grüne Grundfarbe und rotbackig. Die Frucht ist saftreich und süß-säuerlich.

Rambour (Winterrambour)
Rheinischer Winterrambour oder eine verwandte Art. Ein später Winterapfel. Der Baum ist sehr widerstandsfähig und daher auch für raue Lagen geeignet. Pilzfest. Guter Koch- und Backapfel.

Kuhmoi
Ähnelt in Form und Schale einer Birne und hat auch eher die Konsistenz einer Birne. Eignet sich gut für Bratäpfel und hat einen leichten Rumton.

Roter Boskop (Boskoop)
Auch Lederer genannt, in mehreren Spielarten. Gehört zu den beliebtesten Winteräpfeln. Der Baum wächst stark und regelmäßig, der Ertrag beginnt spät und ist alternierend. Windfest, frosthart und daher auch für Höhenlagen geeignet. Rötlich gefärbte Frucht. Hoher Säuregehalt und daher ein hervorragender Kochapfel.

Schafsnase (Schafnase)
In mehreren Arten, auch Steirische Schafsnase. Meist jedoch handelt es sich um die „Rheinische Schafnase". Ähnelt ein bisschen dem Prinzenapfel. Der Baum eignet sich für Streuwiesen und Höhenlagen. Die Frucht ist hochgebaut-konisch und zeichnet sich durch einen ganz speziellen Geschmack aus. Säuerlich-süß und mittelstarke Würze. Ein ausgezeichneter Wirtschafts- und Mostapfel.

ronprinz Rudolf

Kuhmoi

Roter Boskop

Schafsnase

Der Apfel-Kochworkshop in Bramberg

An den Apfel, fertig, los!

„Wer kennt von Ihnen Jakob Fischer? Oder Croncels?" Diese Frage stellte Thomas M. Walkensteiner seinen prominenten Kochschülern beim Kochkurs im Pinzgau. Die illustre Runde aus HobbyköchInnen und Gastronomie-Profis staunte nicht schlecht über solch klingende Apfelnamen. Allesamt alte Apfelsorten, aus denen an diesem Tag ein ganz spezielles, mehrgängiges Menü gezaubert wurde.

Im Herbst 2007 wurde Thomas M. Walkensteiner vom Verein Tauriska und vom Obst- und Gartenbauverein Bramberg eingeladen, einen Kochworkshop mit seinen kreativsten Ideen zum Thema Apfel zu gestalten. Mit Unterstützung von Raiffeisen Salzburg ging dieser Workshop in den Wirtschaftsschulen in Bramberg über die Bühne.

Inspirationen rund um den Apfel

Der Apfel ist für Sternekoch Thomas M. Walkensteiner „ein Genuss, der das Leben verlängert". Ein Genussmittel und Anti-Aging-Star im Sinne eines Jungbrunnens, also Well-Aging, denn Anti-Aging kann es naturgemäß nicht geben. So kam Thomas M. Walkensteiner mit seinem Sous-Chef Stefan Lastin, mit eigens entwickelten Rezepturen rund um den Apfel und mit einem Auto voller Ingredienzien in den Pinzgau, wo er von den neugierigen Koch-Gästen und sämtlichen alten Apfelsorten erwartet wurde.

Zauberei mit Apfelperlen

Zusammen mit Walkensteiner gingen die prominenten Kochgäste – von der Pinzgauer Bezirkshauptfrau bis zum Bramberger Bürgermeister – ans Werk, putzten Gemüse, hackten Kräuter, filettierten Fische und soufflierten ein Tauernreh.

Am Speiseplan standen u.a.: Tartar von der Jakobsmuschel, mit Äpfeln der Sorte Schafsnase, Schaumsuppe vom Apfel Jakob Fischer, mit Apfelgelée und geräucherter Gänsebrust, Ravioli vom roten Boskop und Sorbet vom Schmorapfel.

Schnapsbrenner Siegfried Herzog (links) und Bürgermeister Walter Freiberger

Schnupperstunde: Bezirkshauptfrau Rosmarie Drexler, Gabriele Reinartz, Thomas M. Walkensteiner

Tipps vom Chefkoch

Die Teilnehmer des Kochworkshops bekamen auch wertvolle Tipps vom Spitzenkoch. Zum Beispiel: „Bei grünem Gemüse muss oder sollte man das Wasser beim Blanchieren etwas mehr salzen als bei weißem Gemüse, weil dadurch die grüne Farbe verstärkt wird. Und dann – ebenfalls wegen der Farbe – soll man das grüne Gemüse bekanntlich im Eiswasser abschrecken", so Walkensteiner. Auch kulinarische Tricks für Fortgeschrittene waren dabei, etwa die eigenhändige Produktion von flüssigen Apfelperlen oder Apfelkaviar. Eine geheimnisvolle Zauberei, deren Rezeptur in diesem Buch verraten wird.

Und noch einige Tipps von Thomas M. Walkensteiner im O-Ton, etwa zum Thema Äpfel und Erdäpfel: „Erdäpfel nicht neben Äpfeln lagern, weil dadurch die Äpfel an Geschmack einbüßen, und die Erdäpfel ansonsten früher anfangen zu keimen."

Tipp zum Thema Ingwer und Galgant: „Ingwer und Galgant gleich im frischen Zustand verarbeiten, d.h. schälen, schneiden und tiefkühlen. Ansonsten geht diesen Wurzeln viel Kraft und Saft verloren. Sie trocknen aus und verlieren an Geschmack."

Work in progress: Es wird angerichtet

Ravioli: Frisch gestochen ...... und geformt

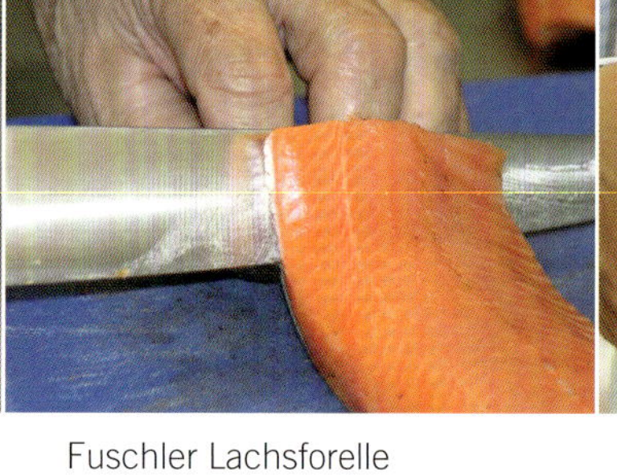

Fuschler Lachsforelle

Well-Aging-Frucht

Und ohne Bienen kein Apfel – und kein Honig

Walkensteiners Tipp zum Thema Honig:
„Honig ist eine sehr gesunde Art zu süßen. Es ist ernährungstechnisch sinnvoll, raffinierten Zucker möglichst durch Honig zu ersetzen, auch in der Küche. Übrigens ist Honig das einzige Lebensmittel, das nicht verdirbt – unter der Voraussetzung, dass es luftdicht verschlossen ist."

P.S.

Eine alte Apfelsorte, nämlich ein g'schmackiger „Lederer" (Lederapfel) aus dem Pinzgau, schaffte nach dem Kochworkshop sogar den Sprung auf Walkensteiners Speisekarte im Sterne-Restaurant Imperial am Fuschlsee.

Reh mit Apfel-Schuppen

Duftende Power-Küche

Rote Rüben für die Suppe

Grüne Vitamine

Die Apfelrezepte

von
Thomas M. Walkensteiner

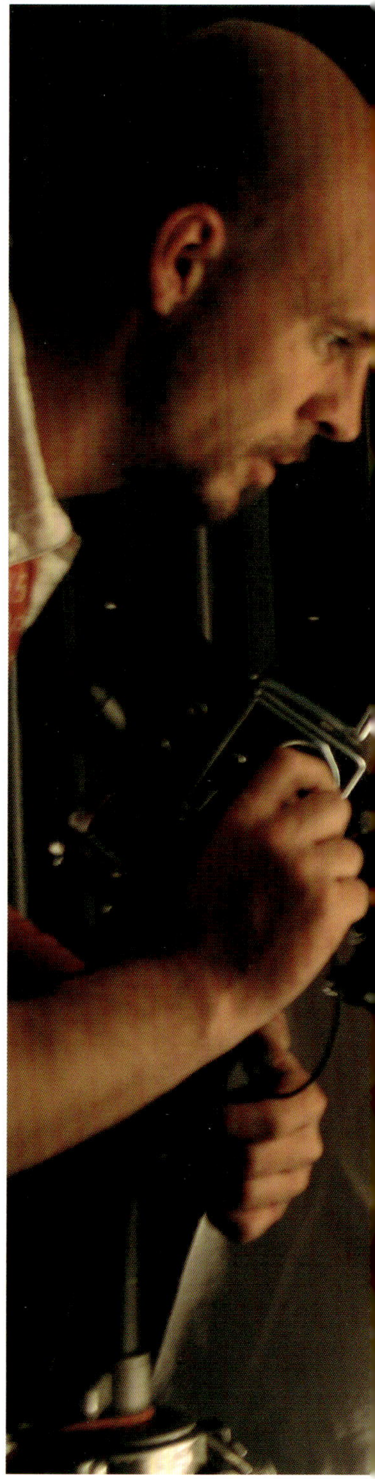

Foto-Shooting im Restaurant Imperial, Hotel Schloss Fuschl Resort

Carpaccio von der Lachsforelle

Rezept für 4 Personen

Zutaten:

1 Filet von der Lachsforelle (ca. 500 g)
1 Salatgurke
2 Äpfel Roter Delicious
(süßlicher Apfel mit wenig Säure)
2 EL Saiblings-, Forellen- oder Ketakaviar
5 EL Walnussöl
3 EL asiatischer Reisessig oder
weißer Balsamicoessig
Meersalz
weißer Pfeffer aus der Mühle
1 EL brauner Rohrzucker
Saft von 1/2 Zitrone
Frühlingskräuter und Essblüten
(Kerbel, Kresse, junges Basilikum, Dill ...)

Weißer Tomatenschaum
(siehe Seite 69)

Zubereitung:

- Fischfilet vorsichtig enthäuten, Gräten zupfen und mit einem scharfen Messer von vorne beginnend dünne, schräge Scheiben aus dem Filet schneiden. Die Lachsforellenfiletscheiben nebeneinander auf eine Klarsichtfolie legen, mit einer zweiten Klarsichtfolie bedecken und mit einem Plattiereisen, einem glatten Schnitzelklopfer oder einer flachen Pfanne ca. 2 Millimeter dick plattieren und vorsichtig auf 4 Teller legen.

- Die Salatgurke und die Äpfel schälen, entkernen und in feine Würfel schneiden. Walnussöl, Reisessig, Meersalz, Pfeffer, Rohrzucker und Zitronensaft verrühren und abschmecken. Den Kaviar vorsichtig unterrühren und abschließend die Lachsforellenfiletscheiben damit marinieren.

mit Gurken-Apfel-Kaviarmarinade und Frühlingskräutern

Mein Tipp:
Vollenden Sie das Carpaccio abschließend mit einem Nockerl Tomatenschaum.

Tartar von der Jakobsmuschel mit glaciertem Schafsnase-Apfel

Rezept für 4 Personen

Marinade für die Jakobsmuscheln

Zutaten:

1/4 l Apfelsaft von der Schafsnase
(säuerlicher und sehr saftiger Apfel)
Maizena
Saft 1 Limette
Steinsalz
weißer Pfeffer und Koriander aus der Mühle
brauner Rohrzucker
Apfel-Balsamicoessig
Basilikumblätter, fein geschnitten

Zubereitung:

- Ein Drittel vom Apfelsaft kurz zum Kochen bringen, mit etwas Maisstärke leicht binden, abkühlen lassen, mit den restlichen Zutaten vermengen und mit einem Stabmixer gut verrühren. Abschließend mit dem frischen Basilikum verfeinern und abschmecken.

Jakobsmuscheltartar

Zutaten:

8 frische, große Jakobsmuscheln
in der Schale
2 EL Hanföl
1 EL Limettenöl
einige Tropfen Limettensaft
6 frische Basilikumblätter
weißer Pfeffer aus der Mühle
Meersalz
Blüten, Wildkräuter, junge Salate
und Kresse zum Garnieren

Glacierter Schafsnase-Apfel
(siehe Seite 68)

Zubereitung:

- Das Auslösen einer Jakobsmuschel ist bei Weitem nicht so mühsam wie das einer Auster!

- Wenn man die Jakobsmuscheln in der Schale gekauft hat, sind folgende Schritte zu beachten: Die Muschel mit der flachen Seite nach oben auf eine Arbeitsfläche legen und mit einem Küchentuch festhalten. Die Klinge eines spitzen Messers oder Austernmessers an der flachen Seite entlang führen, damit der Schließmuskel durchgeschnitten wird. Die flache Schale abheben und die Muschel rundherum auslösen. Den Sand sorgfältig mit kaltem, fließendem Wasser abspülen. Das weiße Muskelfleisch, die Nuss, vorsichtig vom orangefarbenen Rogen, dem Corail, trennen. Den ungenießbaren, halbmondförmigen Anhang vom Fleisch abschneiden und alle dunklen Teile sowie den grauen „Bart" entfernen.

- Die Jakobsmuscheln mit Küchenkrepp trocken tupfen und in feines Tartar hacken, anschließend mit den fein geschnittenen Basilikumblättern, Hanföl, Limettenöl sowie etwas Limettensaft würzen und mit Meersalz und Pfeffer zu einem aromatischen Tartar abschmecken.

Schaumsuppe vom Jakob-Fischer-Apfel und von Roten Rüben

Rezept für 4 Personen

Zutaten:

150 g Rote Rüben, ohne Schale in Würfel geschnitten
150 g Jakob-Fischer-Äpfel (süß-fruchtig bis fein-säuerlich), ohne Schale und Kerngehäuse in Würfel geschnitten
30 g Butter
$\frac{1}{8}$ l Noilly Prat (französischer Wermut)
$\frac{1}{8}$ l Weißwein
330 ml Geflügelfond
200 ml Apfelsaft vom Jakob Fischer, frisch gepresst
200 g Obers
80 ml Roter Rübensaft, frisch gepresst
1 Zweig Thymian
1 Lorbeerblatt
1 Msp. Kümmel
Meersalz und weißer Pfeffer aus der Mühle
einige kalte Butterflocken

warmes Apfelgelee (siehe Seite 63)

Frühlingsrolle von der geräucherten Gänsebrust (siehe Seite 62)

Zubereitung:

- Die Roten Rüben und die Äpfel in Butter langsam auf kleiner Flamme glasig angehen lassen, mit Weißwein und Wermut ablöschen und auf die Hälfte einköcheln lassen. Mit Geflügelfond und Apfelsaft aufgießen, aufkochen lassen, mit Backpapier abdecken und ca. $1\frac{1}{2}$ Stunden am Siedepunkt ziehen lassen (bei ca. 95 C°). Lorbeerblatt, Thymian, etwas frisch gemahlenen Pfeffer sowie den Kreuzkümmel beigeben und weitere 15 Minuten ziehen lassen.

- Die Kräuter aus dem Suppenansatz nehmen, mit einem Pürierstab fein mixen, durch ein feines Haarsieb passieren und in einem Topf ein weiteres Mal zum Kochen bringen. Das Obers und den Roten Rübensaft beigeben, zum Kochen bringen und abschließend mit einem Stabmixer die kalten Butterflocken einmontieren.

Thomas M. Walkensteiner

mit warmem Apfelgelee und Frühlingsrolle von der geräucherten Gänsebrust

Lauwarme marinierte Fuschlsee-Lachsforelle

Rezept für 4 Personen

Zutaten:

2 Filets von der Lachsforelle

Für die Beize:
100 g Sternanis
15 g Kümmel
10 g Thymian
10 g Lorbeer
10 g Fenchelsamen
10 g weiße Pfefferkörner
60 g brauner Zucker
100 g Meersalz
20 ml Olivenöl

Daikonkresse zur Garnitur

Süß-saure Sauce vom Roten Delicious
(siehe Seite 65)

Zubereitung:

- Das Lachsforellenfilet unter fließend kaltem Wasser abwaschen, säubern und entgräten und abschließend mit Küchenkrepp trocken tupfen.

- Alle Zutaten für die Beize im Mixer grob zerkleinern, Lachsforellenfilet mit der Beizmischung bestreuen, mit Folie abdecken und 24 Stunden im Kühlschrank beizen. Filet aus der Beize nehmen, Gewürze behutsam abschaben. Das Filet von der Haut abziehen und im Ofen bei 65°C ca. 10-12 Minuten leicht erwärmen.

Thomas M. Walkensteiner

mit süß-saurer Sauce vom Roten Delicious

Rotes Curry vom Maishuhn mit Apfel und jungem Gemüse

Rezept für 4 Personen

Zutaten:

3 Stk. Maishuhnbrust
2 Jakob-Fischer-Äpfel (süß-fruchtig bis fein-säuerlich)
200 g Bambussprossen
80 g Sojakeime
120 g Zuckerschoten
3 mittelgroße, vollreife rote Paprika
1/2 l Kokosmilch
1 Teelöffel rote Currypaste
1 1/2 EL Currypulver
3 Spritzer Thaifischsauce
brauner Rohrzucker
etwas frisch gepresster Limettensaft
10 Thaibasilikumblätter (Sie können auch normales Basilikum verwenden)
eventuell 1 grüne Chilischote (scharf!)
3 Jungzwiebeln
Sesamöl
Rapsöl
Meersalz

eventuell Chilifäden zur Garnitur

Zubereitung:

- Die roten Paprika gut waschen, trocken tupfen, senkrecht vierteln und Strunk, Stiel sowie Kerne entfernen. Nochmals waschen und mit Küchenkrepp trocken tupfen. Zwei Drittel der Paprika in ca. 1 Zentimeter große Würfel schneiden und zusammen mit der Kokosmilch und der roten Currypaste mit einem Stabmixer fein pürieren, mit etwas Limettensaft, Currypulver, Thaifischsauce, braunem Rohrzucker, Meersalz und eventuell mit grünem Chili, je nach gewünschter Schärfe, würzen. Anschließend in einem Topf zum Kochen bringen und reduzierend auf kleiner Flamme auf die Hälfte einkochen lassen.

- Den übrigen Paprika in feine Würfel schneiden, die Bambussprossen und Sojakeime abwaschen und mit Küchenkrepp trocken tupfen. Die Äpfel ebenfalls gut waschen, schälen, halbieren und entkernen und in ca. 1 Zentimeter große Würfel schneiden. Die Zuckerschoten waschen und der Länge nach diagonal durchschneiden, das Gemüse in den roten Curryansatz geben und ca. 5 Minuten auf kleiner Flamme köcheln lassen.

- Die Maishuhnbrust gegebenenfalls von Fett, Knorpeln und Sehnen befreien, die Haut mit einem scharfen Messer der Brustlänge nach mit den Fasern einschneiden. Dann die Hühnerbrust in gleichmäßig große Würfel schneiden. Die Hühnerfleischwürfel in einer beschichteten, vorgewärmten heißen Pfanne mit Rapsöl und einigen Tropfen Sesamöl scharf anbraten, mit dem roten Curry aufgießen, mit frisch gezupftem Thaibasilikum verfeinern und anrichten.

Beilagen:
Basmatireis, Duftreis

Mein Tipp:
Für diejenigen von Ihnen, die echte Thai-Schärfe bevorzugen: Verwenden Sie statt eines Teelöffels rote Currypaste zwei Esslöffel Paste und lassen Sie dafür das Currypulver weg.

Soufflierter Rücken vom Tauernreh mit Croncels-Apfel,

Rezept für 4 Personen

Farce – Soufflémasse

Zutaten:

110 g Hühnerbrust, sauber geputzt und faschiert
90 g Obers
Salz
weißer Pfeffer aus der Mühle
Muskatnuss

20 g Obers zum Nachgießen beim Pacossieren

Zubereitung:

- Die faschierte Hühnerbrust zusammen mit dem Obers, Salz, etwas weißem Pfeffer und einem Hauch von Muskatnuss zu einer Masse verrühren. In einen Pacojetbecher füllen und tiefkühlen. Abschließend im Pacojet mit der restlichen Sahne zu einer feinen Soufflémasse pacossieren.

- Sollten Sie keinen Pacojetbecher besitzen, können Sie die Farce ganz einfach auch in einer Moulinette herstellen. Zuerst das fein gehackte Hühnerfleisch in der Moulinette leicht anmixen, dann ein Drittel des Obers sowie die Gewürze beigeben und ein weiteres Mal kurz ca. 20 Sekunden mixen. Abschließend diesen Vorgang noch zwei Mal mit dem restlichen Obers wiederholen.

Reh

Zutaten:

1 Rehrückenfilet
1 Croncels-Apfel zum Belegen (leicht süß-säuerlicher Apfel)
60 g Butter
Backpapier
weißer Pfeffer aus der Mühle
Steinsalz

Sauce vom langen Pfeffer (siehe Seite 71)

Flüssige Apfelperlen (siehe Seite 60)

Zubereitung:

- Den Rehrücken gut zuputzen und von der Silberhaut befreien. Anschließend mit Küchenkrepp trocken tupfen und auf leicht bebuttertes Backpapier legen. Den Rehrücken mit der Hühnerfarce schön gleichmäßig einkleiden. Den Croncels-Apfel gut waschen, halbieren, vorsichtig entkernen und mit einem scharfen Messer in hauchdünne Scheiben schneiden. Den Rehrücken damit schuppenartig einkleiden. Die Butter leicht erwärmen und die Äpfel damit vorsichtig einpinseln.

- Den Rehrücken abschließend im vorgewärmten Backrohr bei 160°C ca. 16-18 Minuten garen. Den Rücken aus dem Ofen nehmen und vor dem Anrichten noch ca. 8 Minuten rasten lassen. Den Rehrücken aufschneiden und mit etwas Steinsalz und Pfeffer aus der Mühle würzen.

- Als Beilage servieren Sie „Croncels-Apfel-Kraut“ und Brokkoli. Für das Apfel-Kraut nehmen Sie feines Weinkraut und fügen reichlich Croncels-Apfel hinzu.

Sauce vom langen Pfeffer und flüssigen Apfelperlen

Gansl-Rotweinragout

mit Himbeeren und karamellisiertem Apfel

Rezept für 4 Personen

Zutaten:

3 Stk. Gänsebrust
400 ml kräftigen Rotwein
1 l Geflügelfond
1 Schalotte
70 g Knollensellerie
70 g Karotten
2 EL Honig
1 EL Tomatenmark
Steinsalz
weißer Pfeffer aus der Mühle
1 Lorbeerblatt
1 Zweig Majoran oder Majoran getrocknet
eventuell etwas frischer Beifuß
Rapsöl

4 kleine Boskop-Äpfel (säuerlicher Apfel)
1/2 Becher frische Himbeeren
etwas Honig
etwas Apfelsaft

Haferflockengnocchi
(siehe Seite 64)

Zubereitung:

- Die Gänsebrust waschen und trocken tupfen, die Haut abziehen und von Sehnen und der Silberhaut befreien und in ca. 2 Zentimeter große Würfel schneiden (die Haut nach Belieben für die Garnitur beiseite legen). Die Schalotte, den Knollensellerie und die Karotten schälen und in 3/4 Zentimeter große Würfel schneiden.

- In einem heiß vorgewärmten Schmortopf die leicht gepfefferten Gänsewürfel mit 2 Esslöffeln Rapsöl scharf anbraten und wieder herausnehmen. Den Honig in den Topf geben und leicht karamellisieren lassen, mit Tomatenmark tomatisieren und unter ständigem Rühren leicht anbräunen lassen. Mit der Hälfte des Rotweines ablöschen und sirupartig einköcheln lassen. Den restlichen Rotwein sowie das Lorbeerblatt, den Beifuß und den Majoran hinzufügen und ein weiteres Mal einköcheln lassen.

- In einer vorgewärmten Pfanne die Gemüsewürfel in ein wenig Rapsöl auf mittlerer Hitze leicht Farbe gebend ansautieren. Die Gemüsewürfel zusammen mit dem Gänsefleisch in den Schmortopf zum eingeköchelten Rotwein geben, mit dem Geflügelfond aufgießen und leicht salzen. Einen Deckel so auflegen, dass ein kleiner Spalt offen bleibt und das Ragout auf kleiner Flamme ca. 1 1/2 bis 2 Stunden langsam weich schmoren.

- Die Äpfel schälen, halbieren und entkernen und in 3/4 Zentimeter große Würfel scheiden. Die Apfelwürfel in einer Pfanne mit ein wenig Honig leicht Farbe gebend karamellisieren und dabei immer wieder mit Apfelsaft aufgießen.

- Für die Garnitur die Gänsehaut in kleine Würfel schneiden. Etwas Rapsöl in einer Pfanne erhitzen und die Haut darin bei milder Hitze langsam knusprig braten. Auf Küchenkrepp abtropfen lassen und leicht salzen.

- Erst unmittelbar vor dem Anrichten die karamellisierten Äpfel und die Himbeeren in das Ragout geben und kurz erwärmen.

und Haferflockengnocchi

Mein Tipp:
Variieren Sie dieses tolle Schmorgericht mit allen Arten von Geflügelteilen. Um dieses Gericht zusätzlich aufzuwerten, garnieren Sie es mit frischen, kurz und scharf angerösteten Steinpilzen.

Ravioli vom Roten Boskop mit winterlichen Aromen,

Rezept für 4 Personen

Ravioli-Teig

Zutaten:

400 g doppel-griffiges Mehl
4 Eier
1 Dotter
1/2 Tahiti-Vanille
2 EL Öl
Salz
20 g Staubzucker

Ravioli-Fülle

35 g brauner Rohrzucker
1/2 l Apfelsaft vom Roten Boskop
3 Nelken
1/2 Zimtstange
1 Stk. Vanilleschote
2 Stk. Sternanis
1 EL Akazienhonig
1/2 kg Roter Boskop (säuerlicher Apfel), mit der Schale in feine Würfel geschnitten
20 g Butter
Szechuanpfeffer, gerieben, aus der Mühle
4 cl Calvados (französischer Apfelbranntwein)
60 g Butter
Maisstärke

Sabayon
(siehe Seite 67)

Sorbet vom Schmorapfel
(siehe Seite 66)

Zubereitung:

- Das Mark aus der Vanilleschote mit den restlichen Zutaten in einem Rührkessel zu einem geschmeidig glatten Teig verarbeiten. In Folie einwickeln und mindestens 6 Stunden im Kühlschrank rasten lassen.

- Den braunen Zucker auf mittlerer Hitze karamellisieren lassen, mit Apfelsaft ablöschen, Nelken, Zimtstange, Mark der Vanilleschote und Sternanis beigeben und auf kleiner Flamme reduzierend auf 1/4 Liter einkochen lassen.

- Den Akazienhonig in einem Topf leicht erwärmen und karamellisieren, die feinen Apfelwürfel und die Butter dazugeben und leicht anschwitzen. Mit etwas frisch geriebenem Szechuanpfeffer würzen und mit dem Calvados parfümieren. Die Gewürzreduktion durch ein feines Passiersieb über die Apfelmasse gießen und ein weiteres Mal zum Kochen bringen.

- Abschließend mit kalter Butter und etwas angerührter Maisstärke leicht binden. Das Aroma der Apfelfülle wird noch viel harmonischer und eleganter, wenn Sie die Fülle bereits am Vortag zubereiten und kühl stellen.

- Den Nudelteig in zwei Teile schneiden, auf mehligem Untergrund mit dem Handballen gleichmäßig plattdrücken und mit der Nudelmaschine (falls nicht vorhanden mit einem Rollholz) hauchdünn ausrollen. Mit einem verquirlten Ei bepinseln. Die Apfelfülle häufchenweise mit einem Dessertlöffel nebeneinander auf den ersten Nudelteig setzen. Dabei genügend Abstand einhalten. Mit dem zweiten, ebenfalls hauchdünn ausgerollten Nudelteig bedecken. Dabei ist darauf zu achten, dass sich zwischen den Teigschichten keine Luftblasen bilden. Anschließend den Rand des Teiges gut andrücken und mit einem Ausstecher ausstechen. In leicht wallendem, gesalzenem Wasser ca. 6-8 Minuten kochen. Die Ravioli aus dem Wasser nehmen, in einer Pfanne mit etwas zerlassener Butter kurz vorsichtig durchschwenken, mit Staubzucker leicht bestauben und anrichten.

Thomas M. Walkensteiner

Sabayon und Sorbet vom Schmorapfel

Apfel-Scheiterhaufen mit Kokos, Himbeeren und Himbeerröster

Rezept für 4 Personen

Zutaten:

8 Scheiben Vollkorntoast
1 EL frischer Ingwer, fein gehackt
1 EL Sesamöl
30 g brauner Rohrzucker
250 ml Obers
250 ml Kokosmilch
6 Eier
30 g Honig
4 cl Batida de Coco (Kokoslikör)
Mark von 1/2 Vanilleschote
Zitronenschale
30 g Kokosflocken
3 aromatische, säuerliche Rote-Boskop-Äpfel, geschält und in Scheiben geschnitten
200 g Himbeeren (können auch tiefgekühlt sein)
100 g Haselnüsse, gerieben
Zimtpulver
etwas Butter

2 Eiklar
3 EL Kristallzucker

Himbeerröster
(siehe Seite 60)

Zubereitung:

- Die Toastscheiben entrinden. Den fein gehackten Ingwer in einer kleinen Pfanne mit dem Sesamöl und dem Rohrzucker auf kleiner Flamme langsam und vorsichtig, leicht Farbe gebend anschwitzen.

- Für die Royale das Obers zusammen mit der lauwarmen Kokosmilch, dem glacierten Ingwer, den Eiern, dem Honig, dem Mark der Vanille, dem Kokoslikör und etwas frisch geriebener Zitronenschale in einen hohen, schmalen Becher geben und mit dem Stabmixer gut miteinander verquirlen. Die Eiermilch durch ein feines Sieb in eine Schüssel gießen.

- Die Äpfel schälen, vierteln, entkernen und in ca. 2 Millimeter dicke Scheiben schneiden. Eine mittelgroße feuerfeste Auflaufform mit etwas Butter auspinseln. Den Boden mit einer Schicht Toastbrot auslegen und mit der Royale ausreichend tränken. Dann ein Drittel der Apfelscheiben, der Himbeeren, der Kokosflocken sowie der geriebenen Haselnüsse gleichmäßig darauf verteilen und mit einem Hauch von gemahlenem Zimt bestreuen. Diesen Schichtvorgang noch zwei Mal wiederholen und den Scheiterhaufen im auf 180°C vorgewärmten Backrohr ca. 40 Minuten backen.

- Das Eiklar in einer kleinen Schüssel zu halbsteifem Schnee schlagen, den Kristallzucker beigeben und ein weiteres Mal aufschlagen, bis der Schnee feinporig und vollkommen steif ist. Das steif geschlagene Eiklar in einen Spritzsack füllen.

- Den Scheiterhaufen aus dem Ofen nehmen, die oberste Schicht mit einer Haube von steif geschlagenem Eiklar verzieren und im Backrohr bei erhöhter Temperatur von 220°C ca. 10 Minuten überbacken.

Himbeerröster

Rezept für 4 Personen

Himbeerröster

Zutaten:

2 EL Honig
50 g brauner Rohrzucker
1/8 l Orangensaft, frisch gepresst
1/8 l Rotwein
250 g tiefgekühlte Himbeeren
3 Stk. Sternanis
250 g frische Himbeeren

Zubereitung:

- Den Honig und den braunen Zucker in einem kleinen Topf unter ständigem Rühren leicht karamellisieren, mit Orangensaft und Rotwein ablöschen und kurz zum Kochen bringen. Anschließend die tiefgekühlten Himbeeren und den Sternanis beigeben und auf kleiner Flamme reduzierend auf die Hälfte einköcheln lassen.

- Sternanis aus der Beerensauce nehmen und kurz mit einem Pürierstab mixen. Durch ein feines Passiersieb streichen und noch warm über die frischen Himbeeren gießen, gut vermengen und kühl stellen.

Thomas M. Walkensteiner

Flüssige Apfelperlen

Rezept für 4 Personen

Zutaten:

500 ml Saft vom Croncels-Apfel
(leicht süß-säuerlich), frisch gepresst
5 g Algin

1/2 l Wasser
7 g Calcic

Zubereitung:

- Das Algin mit einem Stabmixer gut in den Apfelsaft einmixen und 9 Stunden ziehen lassen.

- Das Wasser und das Calcic gut miteinander vermengen und die Apfelflüssigkeit darin eintropfen lassen. Ca. eine halbe Minute warten, bis die Apfelflüssigkeit eine feine Hautschicht bekommen hat, die Perlen mit einem Gitterlöffel aus der Flüssigkeit nehmen und bis zum Servieren in ein Wasserbad einlegen.

Frühlingsrolle
von der geräucherten Gänsebrust

Rezept für 4 Personen

Zutaten:

Strudelteig-Blätter für 12 Stück Frühlingsrollen, zugeschnitten auf 12 Teigblätter mit je ca. 11 x 11 cm
2 EL Maisstärke
3 EL Wasser

1 EL Olivenöl
3 Schalotten
130 g geräucherte Gänsebrust
1 Zweig Thymian
2 EL Sojasauce
Steinsalz
weißer Pfeffer aus der Mühle
Rapsöl

Zubereitung:

- Die Gänsebrust von der Haut befreien und in ca. 1 Millimeter feine Würfel schneiden. Die Schalotten schälen und ebenfalls fein würfeln.

- Olivenöl in der Pfanne bei mittlerer Temperatur erhitzen, die Schalottenwürfel und das Gänsebrustfleisch zufügen und unter ständigem Rühren leicht Farbe gebend anbraten, den Thymian fein abzupfen und zusammen mit der Sojasauce beigeben, kurz durchmischen und mit Steinsalz und etwas weißem Pfeffer aus der Mühle pikant abschmecken.

- Die Frühlingsrollen-Teigblätter auf die Arbeitsfläche legen und mit einem feuchten Küchentuch bedecken. Die Ränder eines Teigblatts mit Stärkemehl-Wasser-Mischung anfeuchten. Eine Ecke in die Mitte legen und darauf 1 EL Füllung geben, die seitlichen Ecken über die Füllung schlagen und von unten aufrollen. Die Teigränder mit der Stärkemehl-Mischung einstreichen und gut andrücken. Die Rolle mit der Naht nach unten auf ein Brett legen und mit einem feuchten Küchentuch bedecken. Mit den restlichen Teigblättern ebenso verfahren.

- Die Frühlingsrollen mit Rapsöl vorsichtig einpinseln, auf ein mit Backpapier ausgelegtes Backblech legen und im vorgewärmten Backrohr bei 220°C goldgelb backen.

Mein Tipp:
Sie können die Frühlingsrollen selbstverständlich auch in 180°C heißem Pflanzenfett goldgelb und knusprig herausbacken.

Warmes Apfelgelee

Rezept für 4 Personen

Zutaten:

250 ml Apfelsaft, naturtrüb
6 g Gellan

Zubereitung:

- Das Gellan in den kochenden Apfelsaft einrühren, anschließend rasch auf ein mit Klarsichtfolie ausgelegtes Blech gießen. - Vorsicht, das Gelee zieht sehr rasch an!

- Kurz stehen lassen, schon nach wenigen Minuten lässt sich das Gelee ausstechen oder in Würfel schneiden. Kurz vor dem Servieren an einem warmen Ort leicht temperieren.

Haferflockengnocchi

Rezept für 4 Personen

Zutaten:

250 g mehlige Kartoffeln
80 g Dinkelmehl oder andere Mehlsorten wie Buchweizen oder Roggen
40 g Haferflocken, fein gerieben
2 Eier
1 EL Olivenöl
Salz
Pfeffer aus der Mühle
Muskat
grobes Meersalz
Vollkornmehl zum Bestäuben

1 EL Butter
2 EL Haferflocken

Zubereitung:

- Die Kartoffeln in der Schale gut waschen und auf ein Backblech mit grobem Meersalz setzen. Im Backofen bei ca. 180°C je nach Größe der Kartoffeln 1 bis 1 1/2 Stunden weich garen. Die weichen Kartoffeln aus dem Ofen nehmen und noch heiß schälen, durch eine Kartoffelpresse drücken und abkühlen lassen.

- Die gepressten Kartoffeln mit geriebenen Haferflocken, Ei, Öl, Salz, Pfeffer und Muskat vermengen. Dinkelmehl dazugeben und rasch, ohne langes Kneten, zu einem glatten Teig verarbeiten. Den Teig in 3 Teile teilen, jedes Teigstück in längliche, ca. 1 1/2 Zentimeter dicke Rollen formen und dann jeweils ca. 2 Zentimeter lange Stücke abschneiden. Die typischen Rillen der Gnocchi werden mit Hilfe einer Gabel auf beiden Seiten eingedrückt. Die Gnocchi bis zum Einkochen auf ein mit Vollkornmehl bestäubtes Küchentuch legen.

- Die Gnocchi kurz in leicht wallendem Salzwasser fertig garen, bis sie obenauf schwimmen.

- Die Gnocchi aus dem Wasser nehmen und in einer Pfanne mit der leicht schäumenden Butter und den Haferflocken kurz durchschwenken und abschmecken.

Mein Tipp:
Machen Sie doch gleich die doppelte oder dreifache Menge an Gnocchi. Sie lassen sich roh gut im Tiefkühler aufbewahren und sind so jederzeit für ein schnelles und feines Gericht griffbereit.

Süß-saure Sauce
vom Roten Delicious

Rezept für 4 Personen

Zutaten:

1/4 l Ananassaft
750 ml Apfelsaft
3 Äpfel Roter Delicious
(süßlicher Apfel mit wenig Säure),
in grobe Würfel geschnitten
3 Zitronengrashalme, fein geschnitten
1 mittelgroße Ingwerwurzel
1 kleine Galgantwurzel
Kaffirblätter (Limettenblätter)
Saft von 2 Limetten
Koriandergrün
1 EL Palmzucker oder brauner Zucker
Reisessig (Champagneressig)
Reisstärke oder Maisstärke

Zur Einlage:
2 Rote Delicious,
in kleine Würfel geschnitten

Zubereitung:

- Fruchtsäfte mit Zitronengrashalmen, dem grob geschnittenen Ingwer und Galgant sowie den Kaffirblättern, dem Saft von 2 Limetten und den Äpfeln aufkochen. Auf kleiner Stufe für ca. 1 1/2 bis 2 Stunden reduzierend köcheln lassen. Durch ein feines Sieb passieren und ein weiteres Mal einkochen lassen. Die in feine Würfel geschnittenen Äpfel in den Fond geben, mit Palmzucker und Reisessig süß-sauer abschmecken, mit ein wenig Reisstärke eindicken. Vor dem Anrichten frisch gehacktes Koriandergrün hinzugeben.

Sorbet vom Schmorapfel

Rezept für 4 Personen

Zutaten:

55 g brauner Zucker
420 g Boskop-Apfel, geviertelt und entkernt
10 g Ingwer, grob geschnitten, in der Schale
15 g Galgant, grob geschnitten, in der Schale
220 g Apfelsaft, naturtrüb
1/4 Zimtstange
1 Stk. Nelke
1 Stk. Sternanis

10 Stk. Kardamomkörner
4 cl Wasser

Zubereitung:

- Die Kardamomkörner in einem kleinen Topf zusammen mit 4 cl Wasser zum Kochen bringen, vom Feuer nehmen und zugedeckt ca. 10 Minuten ziehen lassen.

- Den braunen Zucker in einer Pfanne unter ständigem Rühren langsam karamellisieren lassen. Die Äpfel in das hellbraune Karamell geben, kurz umrühren, Ingwer und Galgant dazugeben und nochmals kurz durchmengen. Anschließend mit dem naturtrüben Apfelsaft sowie dem durch ein Haarsieb passierten Kardamomfond aufgießen, kurz aufkochen lassen, die Gewürze wie Zimt, Nelke und Sternanis beigeben. Nun die Apfelmasse auf ein kleines Blech gießen und im vorgewärmten Backrohr bei 120°C ca. 20 Minuten schmoren lassen. Die Gewürze, den Ingwer und Galgant entfernen und die Masse in einen Pacojetbecher füllen, tiefkühlen und kurz vor dem Servieren frisch aufpacossieren.

- Sollten Sie keinen Pacojet zur Verfügung haben, können Sie die Masse fein pürieren, mit 1 EL Honig abrühren, durch ein feines Haarsieb streichen und anschließend in der Eismaschine zu cremigem Eis rühren.

Thomas M. Walkensteiner

Sabayon

Rezept für 4 Personen

Zutaten:

1/4 l Apfelsaft
1/16 l weißer Portwein
1/16 l Calvados (französischer Apfelbranntwein)
60 g Zucker
3 Dotter
Nelken
Sternanis
Zimtrinde

Zubereitung:

- Apfelsaft, Portwein, Calvados, Zucker, Nelken, Sternanis und Zimtrinde zum Kochen bringen und ca. 20 Minuten marinierend ziehen lassen. Durch ein feines Passiersieb gießen und mit den Dottern glattrühren.

- Abschließend über Dampf schaumig aufschlagen.

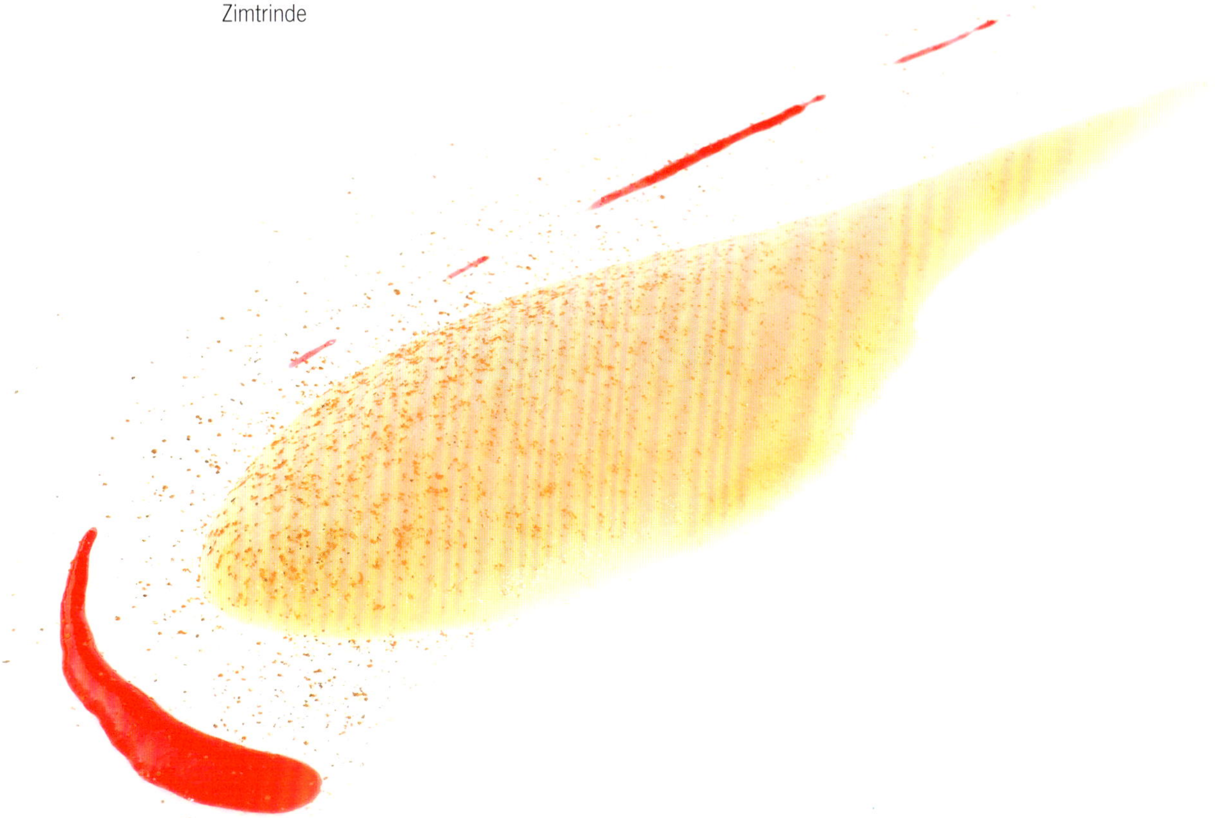

Glacierter Schafsnase-Apfel

Rezept für 4 Personen

Zutaten:

3 Schafsnase-Äpfel (säuerlich, sehr saftig)
2 EL Mauritius-Zucker
2 EL Butter
1/4 l Apfelsaft, naturtrüb
1 Limette
Szechuanpfeffer aus der Mühle

Zubereitung:

- Die Äpfel schälen, in Spalten schneiden und mit einem scharfen Messer entkernen und leicht Form gebend tournieren. Anschließend den Mauritius-Zucker mit der Butter in einer kleinen Pfanne leicht erhitzen, mit dem Apfelsaft und dem Saft einer Limette ablöschen, kurz aufkochen lassen. Die Äpfel beigeben, leicht schwenkend auf Biss garen und noch warm servieren.

Thomas M. Walkensteiner

Weißer Tomatenschaum

Rezept für 4 Personen

Zutaten:

3 Tomaten, vollreif
Salz
weißer Pfeffer aus der Mühle
eventuell 1/2 EL Gin
1 Basilikumstängel
2 Blatt Gelatine

Zubereitung:

- Die vollreifen Tomaten waschen und den Strunk entfernen, in grobe Stücke schneiden, mit Salz, weißem Pfeffer aus der Mühle, Gin und gezupftem Basilikum vermengen und in einem hohen Gefäß mit einem Stabmixer zu einer feinen, dickflüssigen Masse pürieren.

- Das Tomatenpüree in ein mit feinem Leintuch (Etamin) ausgekleidetes Sieb gießen, 2 Stunden im Kühlschrank abhängen lassen und den dabei austretenden klaren Tomatensaft auffangen. Der so gewonnene Tomatenklarsaft ergibt ca. 200 g. Etwa drei Viertel des Tomatensaftes in einen eiskalten Rührkessel geben. Das restliche Viertel in ein Gefäß gießen und darin die zuvor in kaltem Wasser eingeweichte und gut ausgedrückte Gelatine leicht erwärmen und auflösen. Aufgelöste Gelatine zum restlichen Tomatenklarsaft geben und in der Rührmaschine auf hoher Stufe aufschlagen. Sobald der Tomatenschaum die Konsistenz von steifgeschlagenem Eiweiß (Schnee) erreicht, in ein kleines hohes Gefäß abfüllen, glatt streichen, mit Klarsichtfolie abdecken und im Kühlschrank anziehen lassen.

Mein Tipp:
Mit einem warmen Löffel Nockerl ausstechen. Eignet sich sehr gut zum Verfeinern von kalten Vorspeisen wie etwa dem Carpaccio von der Lachsforelle (siehe Seite 42).

Aromatisches Chutney vom Muskatkürbis

Rezept für 5 kleine Rexgläser à125 ml

Zutaten:

500 g Muskatkürbis
1 kleines Stk. Galgant (oder frischen Ingwer)
230 ml Kürbissaft, frisch gepresst
2300 ml Apfelsaft, frisch gepresst, naturtrüb
70 ml Noilly Prat (französischer Wermut)
50 ml weißer Portwein
1 Chilischote, entkernt und gut gewaschen
weißer Kaveri-Pfeffer aus der Mühle
Meersalz
10 g Palmzucker
1 Lorbeerblatt
8 Pimentkörner
1 Stk. Sternanis
180 g Wasser und Maisstärke zum Binden
eventuell frisches Koriandergrün zum Verfeinern

Zubereitung:

- Den grob geschnittenen Galgant zusammen mit Kürbissaft, Apfelsaft, Wermut und Portwein sowie den Gewürzen in einem Topf zum Kochen bringen und auf kleiner Flamme reduzierend auf ein Drittel einkochen.

- Den Kürbis schälen, die Kerne und die innenliegenden Fäden mit einem Löffel auskratzen. Das Fruchtfleisch in gleichmäßig feine, ca. 2 Millimeter große Würfel schneiden.

- Den Fond durch ein feines Passiersieb seihen, die Kürbiswürfel dazugeben und zum Kochen bringen. Unter ständigem Rühren die Flüssigkeit reduzieren und auf fast Null Flüssigkeit einkochen. Abschließend mit der Maisstärke zur gewünschten Konsistenz binden und eventuell nochmals abschmecken.

- Das Chutney noch heiß in kleine Einmachgläser abfüllen, gut verschließen und im Ofen ca. 10 Minuten bei 110°C fertig garen.

Mein Tipp:
Das Chutney passt hervorragend zu gegrilltem und gebratenem Fleisch sowie zu heimischem Fisch. Geschmacklich erhalten Sie eine besonders interessante Note, wenn Sie kurz vor dem Anrichten frisch gehacktes Koriandergrün unter das Chutney mengen.

Sauce vom langen Pfeffer

Rezept für 4 Personen

Zutaten:

2 Stk. Schalotten, geschält und in feine Würfel geschnitten
10 g Butter
20 g langer Pfeffer
1 frischer Thymianzweig
1 Lorbeerblatt
1 Chilischote
120 g Brombeeren (können auch tiefgekühlt sein)
80 ml Cassis Fruchtpüree (von der Schwarzen Johannisbeere)
120 ml roter Portwein
120 ml extraktreicher Rotwein
40 ml Crème de Cassis (Likör von der Schwarzen Johannisbeere)
200 ml Wildjus
1 mehlige Kartoffel zum Binden
eventuell etwas kalte Butter zum Montieren

Zubereitung:

- Die Schalotten mit Butter leicht glasig anschwitzen, den leicht gestoßenen langen Pfeffer sowie den Thymian, das Lorbeerblatt und die halbierte, entkernte und gut gewaschene Chilischote dazugeben und ebenfalls anschwitzen. Die Brombeeren beigeben, nochmals kurz angehen lassen. Mit Portwein, Rotwein und Cassislikör ablöschen, kurz aufkochen und das Cassispüree einrühren. Ein weiteres Mal zum Kochen bringen und auf kleiner Flamme reduzierend auf die Hälfte einkochen lassen.

- Die Wildjus in den Ansatz gießen, wiederum zum Kochen bringen, mit etwas frischer, fein geriebener mehliger Kartoffel binden, durch ein feines Passiersieb gießen und abschmecken.

- Eventuell abschließend mit etwas eiskalter Butter leicht montieren.

Die besten Apfelrezepte

des Rezeptwettbewerbs

Auch nach dem Kochworkshop mit Thomas M. Walkensteiner fanden die Aktivitäten rund um den Apfel eine ergiebige Fortsetzung. Der Obst- und Gartenbauverein Bramberg und der Verein Tauriska veranstalteten mit Unterstützung von Raiffeisen Salzburg einen Rezeptwettbewerb, dessen Rücklauf beachtlich war. Eingeschickt wurden Ideen und Rezepte aus der Region Pinzgau, aus dem Salzburgerland, aus Österreich und aus Deutschland: Süßes und Pikantes, Schräges und Traditionelles. Auch hier zeigte sich, wie vielseitig der Apfel einsetzbar ist.

Nichts ist dem Apfel fremd

Von einer Fachjury unter der Leitung von Thomas M. Walkensteiner wurde die Gewinnerin dieses Wettbewerbs ermittelt. Ingrid Harlander konnte die Jury mit ihrer Wachtel mit karamellisierten Äpfeln überzeugen und gewann damit ein Abendessen für zwei im Sterne-Restaurant Imperial in Schloss Fuschl.

Waldorfsalat im Apfel

Rezept für 4 Personen

Zutaten:

400-500 g Knollensellerie
60 g Walnusskerne
2-3 große Äpfel, säuerlich
2 Dotter
3-4 EL Zitronensaft
1-2 TL Senf
100 ml Öl
100 ml Obers
Salz
Pfeffer
Zucker

Garnierung:

9 Walnusskerne
4 Äpfel, rotbackig
2 EL Selleriegrün, gehackt

Zubereitung:

- Sellerie schälen, in feine Stifte schneiden und mit 2 EL Zitronensaft beträufeln. Die Äpfel ebenfalls in feine Stifte schneiden und Zitronensaft darübergeben. Walnusskerne hacken. Eigelb mit Senf und 1 EL Zitronensaft glatt rühren. Öl langsam unterrühren. Obers leicht dicklich anschlagen und unter die Mayonnaise rühren. Mit Salz, Pfeffer und Zucker abschmecken. Sellerie- und Apfelstifte mit den gehackten Walnüssen zur Mayonnaise geben und unterheben. Die roten Äpfel halbieren und aushöhlen. Mit Zitronensaft beträufeln.

- Den Waldorfsalat einfüllen und mit je einer ganzen Walnusshälfte belegen, mit Selleriegrün garnieren.

- Wenn es schnell gehen soll, kann man auch fertige Mayonnaise nehmen, die man mit etwas Apfelsaft glatt rührt.

- Man kann den Salat als Vorspeise servieren oder als delikaten Salat zum Sattessen.

Rezept von:
Christina Pabsch, Melle, Deutschland

Apfel-Matjessalat

Rezept für 4 Personen

Zutaten:

2 Matjesfilets
2 Gemüsezwiebeln
2 große Äpfel
1 Becher Joghurt
1 Becher Sauerrahm
Salz
Pfeffer aus der Mühle

Schnittlauch zum Bestreuen

Zubereitung:

- Matjesfilets waschen, in feine Streifen schneiden, Gemüsezwiebeln und geschälte Äpfel fein hobeln, alles mit Joghurt und saurem Rahm gut vermischen, mit Salz und Pfeffer nach Geschmack würzen, 2 Stunden im Kühlschrank ziehen lassen und mit Schnittlauch bestreut servieren. Dazu passt am besten Schwarzbrot.

- Sommer-Variante:
  Statt der Matjesfilets eine große Salatgurke nehmen, in dünne Scheiben oder kleine Würfel schneiden und ein wenig salzen. Den Salat weiter wie oben bereiten, mit etwas Dill garnieren – gekühlt und mit Schwarzbrot eine tolle Abwechslung!

Rezept von:
Mag. Ulrike Just, Hallein

Apfel-Käse-Salat mit Sellerie

Rezept für 4 Personen

Zutaten:

600 g Jerome (fein-würziger Schnittkäse mit Rotkulturrinde, 45% F.i.T.)
4 Äpfel, Rubinette, ungeschält, entkernt
2 EL Senfkörner
1/8 l Apfelsaft
Salz
Pfeffer
1 EL Apfelessig
1 Stange Sellerie

Zubereitung:

- Käse entrinden und mit den Äpfeln in Würfel schneiden, Senfkörner in Apfelsaft 1 Minuten aufkochen und kurz quellen lassen, Apfel- und Käsewürfel dazugeben und mit Salz, Pfeffer und Apfelessig würzen. Sellerie in kleine Stifte schneiden und dazugeben.
- Den Salat einen Tag im Kühlschrank ziehen lassen und mit Schwarzbrot und Butter servieren.

Rezept von:
Theresia Lachmayr, Kaprun

Putengalantine auf Apfel-Lauch-Salat

Rezept für 4 Personen

Zutaten:

1 großes Putenschnitzel (150-200 g)
Salz
Pfeffer

Für die Farce:
100 g Putenfleisch, würfelig geschnitten
1 Eiklar
eventuell 1 EL Semmelbrösel
1 Schuss Weinbrand
etwas Madeira (portugiesischer Likörwein)
1/16 l Obers
Salz
Pfeffer
1 EL Kürbiskerne, ganz
1 EL Petersilie, gehackt

5 Blatt getrocknetes Rindfleisch
(Bündnerfleisch)

Frischhaltefolie auf Alufolie zum Einrollen
Gemüsefond oder Suppe zum Garen

Für den Apfel-Lauch-Salat:
1 roter Apfel
Zitronensaft
1/2 kleine Stange Lauch
Salz
Pfeffer
Essig
Öl
eventuell 1/8 l Sauerrahm

Garnierung:
Blattsalate, gehackte Kürbiskerne, Kresse,
Cocktailtomaten

Zubereitung:

- Putenschnitzel vorsichtig dünn klopfen (Frischhaltefolie verwenden). Für die Farce alle gut gekühlten Zutaten in der Moulinette fein faschieren, mit Kürbiskernen und gehackter Petersilie vermischen.

- Putenfleisch mit getrocknetem Rindfleisch belegen, Farce auftragen, mit Hilfe der aufeinandergelegten Alu- und Frischhaltefolie eng einrollen. In stark gewürztem Gemüsefond 20-30 Minuten pochieren, auskühlen lassen.

- Für den Apfel-Lauch-Salat den Apfel würfeln und gleich mit Zitronensaft bestreichen, Lauch halbringelig schneiden, mit Salz, Pfeffer, Essig und Öl abschmecken, eventuell mit etwas Sauerrahm verfeinern. Galantine in schräge Scheiben schneiden, mit Apfel-Lauch-Salat anrichten und mit Blattsalaten, Kürbiskernen, Kresse und Cocktailtomaten garnieren.

Rezept von:
Dipl.Päd. Petra Mösenlechner, Bramberg

Apfelsuppe mit Chili

Rezept für 4 Personen

Zutaten:

4 Äpfel, geschält, vom Kerngehäuse befreit, würfelig geschnitten
1/2 Salatgurke, geschält, würfelig geschnitten
1 Paprikaschote, rot
2 Stk. Chilischoten, klein
1 Knoblauchzehe
1 EL Butter
1/2 TL Paprikapulver
750 ml Gemüsesuppe
Prise Salz
Prise Zucker
Pfeffer aus der Mühle
Apfelbalsamessig
100 ml Schlagobers

Garnierung:

Paprikastreifen
etwas Butter
Kerbel

Zubereitung:

- Chili längs halbieren und die Kerne entfernen, Paprika putzen und etwa zwei Drittel würfelig schneiden. Knoblauch zerdrücken, mit Paprika-, Apfel- und Gurkenwürfeln sowie Chilischoten in Butter andünsten und das Paprikapulver unterrühren. Mit etwas Gemüsesuppe aufgießen und weich dünsten, dabei nach und nach die restliche Suppe dazugeben.

- Danach die Suppe mit dem Mixstab pürieren und mit einer Prise Salz und Zucker, etwas Pfeffer und einem Spritzer Apfelbalsamessig abschmecken. Leicht geschlagenes Obers unterheben und die Suppe nur noch köcheln.

- Die übrige Paprikaschote in dünne Streifen schneiden und kurz in etwas Butter schwenken. Die Suppe auf vorgewärmten Suppentellern anrichten, mit den gedünsteten Paprikastreifen und mit Kerbel garnieren.

Tipp:
Baguette oder Pecannussbrot passen hervorragend dazu. Für mehr Schärfe kann mit Tabasco nachgewürzt werden.
Eine ideale Suppe für ungemütliches Herbstwetter.

Rezept von:
Maria Färbinger, Taxenbach

Apfel-Most-Sellerie-Cremesuppe

Rezept für 4 Personen

Zutaten:

1 Zwiebel, gehackt
etwas Butter
1 Sellerie, in Würfel geschnitten
1 Apfel, in Würfel geschnitten
1/4 l Most
1/2 l Suppe
eventuell etwas Maizena
Salz
Pfeffer
1 Prise Zimt
4 EL Obers, geschlagen

Zubereitung:

- Zwiebel in Butter anrösten, mit Most ablöschen. Suppe dazugeben und Sellerie- und Apfelwürfel darin weich kochen und dann pürieren. Die Gewürze dazugeben und eventuell mit Maizena etwas eindicken. Abschmecken und mit geschlagenem Obers servieren.

Rezept von:
Martina Weinberger, St. Georgen

Apfel-Krensuppe

Rezept für 4 Personen

Zutaten:

1 Zwiebel
4 säuerliche Äpfel
40 g frischer Kren, klein gewürfelt
Butter zum Andünsten
100 ml Weißwein
1/2 l Rindsuppe
400 ml Obers
1 Lorbeerblatt
3 EL Kren aus dem Glas
1 cl Calvados
(französischer Apfelbranntwein)
Salz
Cayennepfeffer
1 EL Crème fraîche

Zubereitung:

- Die Zwiebel in Ringe schneiden. Die Äpfel schälen, achteln und das Kerngehäuse entfernen. Den Kren schälen und klein schneiden. Zwiebel und Äpfel in der heißen Butter kurz glasieren, dann den Kren dazugeben.

- Mit Weißwein, Rindsuppe und Obers auffüllen, das Lorbeerblatt und 3 EL Kren aus dem Glas dazugeben. Die Suppe etwa 15 Minuten köcheln lassen und mit Calvados, Salz und Cayennepfeffer abschmecken. Das Lorbeerblatt herausnehmen, die Crème fraîche dazugeben und mit dem Stabmixer aufschlagen. Zuletzt die Suppe durch ein feinmaschiges Sieb abgießen.

Tipp:
Dazu passt Toastbrot mit geräuchertem Forellenfilet und als Garnitur in Butter angedünstete Apfelspalten.
Schmeckt auch mit gebratenem Lachs- oder Lachsforellenfilet oder mit Hirschschinken und Schwarzbrot als Beilage hervorragend.

Rezept von:
Maria Reiter, Oberalm

Apfelsuppe mit Käse überbacken

Rezept für 4 Personen

Zutaten:

4 Äpfel, würfelig geschnitten
1 Zwiebel, fein geschnitten
1 Paprika, gelb, würfelig geschnitten
1 Paprika, rot, würfelig geschnitten
1 Zucchini oder
1/2 Salatgurke, würfelig geschnitten
1-2 EL Olivenöl
3/4 l Wasser
1 Würfel Gemüsesuppe
Salz
Pfeffer
1 TL Paprikapulver, edelsüß
1 Becher Crème fraîche

4 Scheiben Schwarzbrot
Bergkäse zum Belegen
Schnittlauch zum Garnieren

Zubereitung:

- Die fein geschnittene Zwiebel in Olivenöl leicht andünsten, die Apfel- und Gemüsewürfel dazugeben und mit 3/4 Liter Wasser aufgießen. Mit Salz, Pfeffer und Paprikapulver würzen, den Suppenwürfel dazugeben, eine halbe Stunde kochen lassen und mit Crème fraîche verfeinern.

- Schwarzbrotscheiben in der Pfanne toasten und mit Bergkäse belegen. Suppe in Suppenteller füllen, getoastetes Brot einlegen und mit Schnittlauch bestreuen.

Rezept von:
Gabi Scheuerer, Bramberg

Gerolltes Truthahnschnitzel mit Apfel und Parmaschinken, Zwiebelsauce und Polenta

Rezept für 4 Personen

Truthahnschnitzel

Zutaten:

2-3 große Truthahnschnitzel
Salz
Pfeffer
1/16 l Weißwein
1/8 l Fond oder Suppe

Für die Fülle:

4-5 Blatt Parmaschinken
2 rote Äpfel, ungeschält, in Spalten geschnitten
Zitronensaft
2 EL Calvados (französischer Apfelbranntwein)

Zubereitung:

- Schnitzel leicht (zwischen zwei Folien) klopfen, salzen und pfeffern, mit Parmaschinken und den in Zitronensaft und Calvados marinierten Apfelspalten belegen, eng einrollen und mit Rouladennadeln fixieren.
- Rouladen anbraten, Bratenrückstand mit Weißwein ablöschen und mit Fond oder Suppe aufgießen, 20 Minuten dünsten lassen. Rouladen in schräge Tranchen schneiden und auf der Sauce anrichten.

Zwiebelsauce

Zutaten:

Für die Béchamelsoße:

30 g Butter
30 g Mehl, glatt
ca. 1/4-3/8 l Milch
1 Zwiebel, gehackt und eventuell blanchiert
Butter
1/16 l Weißwein

Garnierung:

einige blanchierte Gemüsewürfel
Kräuter, gehackt

Zubereitung:

- Für die Béchamelsoße Mehl in die zerlassene Butter einrühren und kurz anschwitzen, unter ständigem Rühren mit Milch aufgießen und ein paar Minuten köcheln lassen, mit Salz und Pfeffer würzen.
- Zwiebel hacken, in etwas Butter glasig werden lassen, mit Weißwein ablöschen und mit Béchamel aufgießen. Als Garnierung blanchierte Gemüsewürfel einlegen oder gehackte Kräuter darüberstreuen.

Polenta

Zutaten:

1/4 l Milch
1/4 l Wasser
200 g Maisgrieß (Polenta)
Salz
Muskat
Pfeffer
Butter zum Montieren (Verfeinern)

Zubereitung:

- Milch mit Wasser aufkochen, Maisgrieß einrühren, würzen, unter ständigem Rühren langsam kochen lassen, abschließend mit Butter montieren. Aus der fertigen, heißen Masse mit einem Esslöffel Nockerl ausstechen.

Rezept von:
Dipl.Päd. Petra Mösenlechner, Bramberg

Wachteln
mit karamellisierten Äpfeln

Rezept für 4 Personen

Zutaten:

4 Äpfel (Idared oder Red Delicious)
4 Wachteln, küchenfertig
2 EL Butterschmalz
0,1 l Hühnerbrühe
1 Rosmarinzweig
Salz
Pfeffer
0,1 l Wild- oder Geflügelfond
3 TL Zucker
etwas Butter

Zubereitung:

- Äpfel schälen, Kerngehäuse entfernen, in dickere Ringe schneiden.

- Wachteln salzen, pfeffern und einige Rosmarinnadeln in die Bauchhöhle legen. Das Butterschmalz in einer ofenfesten Form erhitzen, Wachteln hineinlegen und auf der mittleren Schiene im vorgeheizten Backofen bei 220°C zehn Minuten braten. Wachteln herausnehmen, je ein kleines Stück Butter daraufsetzen und warm stellen.

- Fond mit Hühnerbrühe loskochen, dann einkochen lassen. Brühe bzw. Sauce abschmecken, eventuell noch nachwürzen.

- Zucker in einer Pfanne karamellisieren lassen. Die Apfelringe hineingeben und im Karamell garen, dabei einmal wenden. Apfelscheiben und Wachteln auf dem Teller anrichten, Wachteln mit Bratensaft beträufeln.

Beilagen: Brokkoli und Kartoffelgratin oder Kroketten.

Rezept von:
Ingrid Harlander, Bramberg

Pikantes Kartoffel-Apfel-Gratin

Rezept für 4 Personen

Zutaten:

700 g Kartoffeln, fest kochend
500 g Knollensellerie
2 Äpfel, mittelgroß, säuerlich
200 g Obers
175 ml Suppe
Salz
grober Pfeffer
Muskat
3-5 Rosmarinzweige, abgespült und trocken getupft

1 Knoblauchzehe für die Form
2 EL Butter für die Form

1 mittelgroße Zwiebel
2 Scheiben Roggenmischbrot mit Haferflocken
2 EL Haselnüsse, gehackt
20 g Butter

Zubereitung:

- Kartoffeln und Sellerie schälen und in möglichst dünne, gleich große Scheiben schneiden. Äpfel gründlich abspülen, trocken reiben, halbieren, entkernen und in Spalten schneiden. Knoblauch halbieren, eine große Auflaufform zuerst mit der Knoblauchzehe ausreiben, dann dünn mit etwas Butter ausstreichen.

- Kartoffeln, Sellerie und Äpfel dachziegelartig einschichten. Einen Zweig Rosmarin abstreifen, fein hacken, Obers mit Suppe, Salz, Pfeffer und Muskat verquirlen und über die Zutaten in der Auflaufform verteilen. Gratin im vorgeheizten Backofen bei 160°C ca. 50 Minuten garen.

- Zwiebel schälen und in feine Würfel schneiden. Restlichen Rosmarin grob zerkleinern, Brot entrinden, fein zerbröseln und mit Nüssen mischen. Butter in einer Pfanne erhitzen, Zwiebel darin glasig dünsten, Brotmischung und Rosmarin dazugeben, ca. 10 Minuten vor Ende der Garzeit über das Gratin verteilen und knusprig backen.

Rezept von:
Margarete Kleinhenz, Kempten, Deutschland

Topfenauflauf

Rezept für 4 Personen

Zutaten:

40 g Butter
80 g Staubzucker
3 Dotter
3 Eiklar
1 Päckchen Vanillezucker
50 g Grieß
1 TL Backpulver
1/2 kg Topfen
1/2 kg Äpfel, blättrig geschnitten
etwas Zimt

Butter und Semmelbrösel für die Auflaufform

Zubereitung:

- Butter mit Zucker, Dotter und Vanillezucker cremig rühren. Grieß mit Backpulver vermischen, abwechselnd mit dem Topfen in die Dottermasse einrühren, zum Schluss steif geschlagenen Eischnee unterziehen. Die Hälfte der Masse in eine befettete, bebröselte Auflaufform füllen, mit den Äpfeln belegen, mit Zimt bestreuen, die zweite Hälfte der Masse darüberstreichen und bei 190°C 50-60 Minuten goldbraun backen.

- Variante:
Äpfel grob reiben und unter die zweite Hälfte des Teigs mischen.

Rezept von:
Anna Stöffler, Salzburg

Soufflierter Scheiterhaufen auf Apfelragout

Rezept für 4 Personen

Scheiterhaufen

Zutaten:

120 g Briochekipferln
1/4 l Milch
2-3 Eier
50 g Butter
1 Messerspitze Vanillezucker
2 EL Rosinen
2 EL Kristallzucker

zerlassene Butter und Semmelbrösel für die Souffléformen

Zubereitung:

- Briochekipferln fein würfelig schneiden, mit Milch übergießen und stehen lassen.
- Butter flaumig rühren, Vanillezucker, Dotter und ausgedrückte Kipferln dazugeben, Rosinen und Kristallzucker untermischen. Eiklar zu Schnee schlagen und vorsichtig unter die Kipferlmasse heben. Die Masse in die vorbereiteten Souffléförmchen (oder Kaffeetassen) einfüllen und bei 200°C 15-20 Minuten backen.

Apfelragout

Zutaten:

2 Äpfel, säuerlich
1 EL Butter
1 EL Kristallzucker
Zimtpulver
1 EL Gelierzucker
1/16 l Apfelsaft
Calvados
(französischer Apfelbranntwein)

Zubereitung:

- Äpfel in feine Würfel schneiden, in Butter anschwitzen, Zucker, Zimt und Gelierzucker dazugeben, mit Apfelsaft ablöschen und Äpfel bissfest dünsten.
- Das Apfelragout mit Calvados abschmecken und auf Teller auftragen, den Scheiterhaufen auf das Apfelragout stürzen und mit frischen, dünnen Apfelspalten garnieren.

Rezept von:
Dipl.Päd. Petra Mösenlechner, Bramberg

Süßer Apfelauflauf

Rezept für 4 Personen

Zutaten:

100 g Weizenmehl
1 Prise Jodsalz
100 ml Milch
40 g Zucker
4 Eier, getrennt
2 EL Butter, zerlassen
3 große Äpfel
(Golden Delicious oder Jonagold)
1 TL Zitronensaft
2 EL Zucker

Butter für die Form
Staubzucker zum Bestreuen

Zubereitung:

- Das Weizenmehl in eine Schüssel geben, mit Jodsalz, Zucker und Milch verrühren. Die Eier trennen, die Dotter zum Teig geben und schlagen, bis der Teig geschmeidig glatt ist. Einen EL zerlassene Butter untermischen und 20 Minuten quellen lassen.

- Die Äpfel schälen, halbieren, entkernen und quer in dünne Scheiben schneiden. Das Eiklar mit einer Prise Jodsalz und 1 TL Zitronensaft steif schlagen und unter den Teig heben. Eine flache Auflaufform mit Butter auspinseln, den Teig darin flach streichen. Auf der untersten Schiene im vorgeheizten Backofen bei 220°C 20-30 Minuten backen. Herausnehmen und die Apfelspalten darauf verteilen, 1-2 EL flüssige Butter darüberträufeln und mit Zucker bestreuen. Noch einmal 20 Minuten auf der obersten Schiene hellbraun überbacken. Vor dem Servieren mit Staubzucker bestreuen.

Rezept von:
Michael Zeller, Unterthingau, Deutschland

Apfelauflauf

Rezept für 4 Personen

Zutaten:

250 g Topfen
8 EL Zucker
1 Päckchen Vanillezucker
4 Eier
1/2 TL Salz
1 1/2 EL Vanillepuddingpulver
2 EL Öl
1 EL Zitronensaft
1/2 kg Äpfel
Mandelblättchen zum Bestreuen

Zubereitung:

- Eiklar und Dotter trennen. Dotter, Zucker, Vanillezucker, Salz, Topfen, Öl, Zitronensaft und Puddingpulver cremig schlagen. Eiklar steif schlagen und untermischen. Masse in eine gefettete Auflaufform geben.

- Die entkernten, geschälten Äpfel in feine, kleine Scheiben schneiden, auf die Topfenmasse geben. Den Apfelauflauf mit Mandeln bestreuen und im vorgeheizten Backofen bei 175°C ca. 30 Minuten backen.

Rezept von:
Hedwig Altrogge, Reitlehen

Süße Apfel-Cannelloni

Rezept für 6-8 Personen

Zutaten:

500 g Äpfel, säuerlich, geschält, grob geraspelt
4 EL Zucker
3 EL Mandellikör
Saft und Schale von
1 1/2 Zitronen, unbehandelt
250 g Mascarpone
400 g Magertopfen
3 Eier
24 Stück Cannelloni
3 EL Mandelblättchen

Butter für die Form

Zubereitung:

- Äpfel schälen, entkernen, raspeln, mit Zucker, Mandellikör und Zitronensaft mischen und ca. 30 Minuten ziehen lassen. Äpfel abtropfen lassen, die Flüssigkeit dabei auffangen. Zitronenschale, aufgefangene Flüssigkeit, Mascarpone und Magertopfen glatt verrühren. Eier trennen und Dotter unter die Creme rühren. 10 EL der Creme beiseite stellen, übrige Creme und Äpfel mischen. Eiklar sehr steif schlagen und unter die Mischung heben.

- Cannelloni mit der Apfel-Mascarpone-Mischung füllen, nebeneinander in eine flache, leicht befettete Auflaufform legen, übrige Creme darauf verteilen und Mandelblättchen darüberstreuen.

- Im vorgeheizten Backrohr bei 180°C ca. 45 Minuten goldbraun backen, herausnehmen und etwas abkühlen lassen. Noch warm mit Vanilleeis und Schlagobers anrichten.

Rezept von:
Karin Hornberger, Heroldsberg, Deutschland

Beiried vom Pinzgauer Rind mit feurigem Apfel-Rosmarin-Mus

Rezept für 4 Personen

Feuriges Apfel-Rosmarin-Mus

Zutaten:

200 g Äpfel, säuerlich (Boskop), geschält, entkernt und blättrig geschnitten
etwas Butter zum Anschwitzen
1/8 l Apfelsaft
20 g Butter
1 gestrichener TL Rosmarin, fein gehackt
ca. 1/2 TL Chili
2 TL Zitronensaft
2 TL Apfelessig
Salz

Zubereitung:

- Die Äpfel schälen, entkernen, blättrig schneiden und in etwas Butter anschwitzen. Mit Apfelsaft aufgießen, weich dünsten und anschließend pürieren.
- In einer zweiten Pfanne 20 g Butter leicht bräunen. Fein gehackten Rosmarin und fein geschnittenen Chili (Menge je nach Lust an der Schärfe) dazugeben, aufschäumen lassen und anschließend in das zubereitete Apfelpüree gießen.
- Danach noch etwas Zitronensaft dazugeben und mit einer Prise Salz würzen, mit etwas Apfelessig abschmecken.

Beiried vom Pinzgauer Rind

Zutaten:

4 Stk. Beiried à ca. 180-200 g
etwas Olivenöl
etwas Butter
Salz
Pfeffer

Zubereitung:

- Beiried salzen und pfeffern, in heißem Olivenöl mit etwas Butter kurz anbraten, bei kleinerer Hitze noch etwas weiter braten lassen (je nach Geschmack – medium oder well done). Vom Herd nehmen und mit Folie abgedeckt noch einige Minuten nachziehen lassen.
- Mit dem pikanten Apfelmus garniert servieren.

Tipp:
Das feurige Apfel-Rosmarin-Mus eignet sich zum Beispiel auch als Begleitung für Gegrilltes oder Wildgerichte.

Rezept von:
Simone und Johann Kögl, Restaurant Alt Salzburg, Salzburg

Gelesen und nachgekocht von Franz Bachmaier, Gasthof Walderwirt, Wald im Pinzgau

Äpfiradl mit Veltlinerschaum

Rezept für 4 Personen

Zutaten:

1 kg Äpfel, säuerlich
30 g Kristallzucker
1 TL Zimt
6 EL Rum
3 EL Zitronensaft

Für den Teig:

180 g Mehl, glatt
250 ml Mineralwasser
40 g Butter, zerlassen
2 Eier
20 g Kristallzucker
Salz
Öl zum Backen
Staubzucker zum Bestreuen

Für den Veltlinerschaum:

1/8 l Veltliner (Weißwein, trocken)
1 Ei
2 Dotter
60 g Zucker

Zubereitung:

- Zucker mit Zimt vermischen, Äpfel schälen, mit Ausstecher vom Kerngehäuse befreien und in ca. 1 cm dicke Scheiben schneiden. Mit Rum und Zitronensaft marinieren und im Zucker-Zimtgemisch wenden. Für den Teig Mehl, Mineralwasser, zerlassene Butter und Salz zu einem glatten Teig verrühren und 10 Minuten ziehen lassen. Eier trennen und die Eiklar mit Zucker zu Schnee schlagen. Dann die Dotter und abschließend den Schnee unter den Teig heben.

- Ca. 3 Finger hoch Öl erhitzen, die Apfelscheiben durch den Teig ziehen und im Öl schwimmend beidseitig goldgelb backen. Äpfel herausheben und auf Küchenpapier abtropfen lassen, mit Staubzucker bestreuen und mit Veltlinerschaum servieren.

- Dafür alle Zutaten verrühren, über einem Wasserbad dickcremig aufschlagen und sofort servieren.

Rezept von:
Iris Wangler, Uttendorf

Äpfel-Jalousien

Zutaten:

100 g Topfen
100 g Butter
100 g Mehl
1 Messerspitze Backpulver
30 g Zucker
1 Eidotter
1 Päckchen Vanillezucker

1 Ei, verquirlt, zum Bestreichen

4 Äpfel, säuerlich,
in dünne Scheiben geschnitten
3 EL Zucker

Zucker zum Bestreuen
Zimtzucker zum Bestreuen

Zubereitung:

- Mehl, Topfen, Butter, Zucker, Vanillezucker, Backpulver und Dotter zu einem Teig verarbeiten.

- Den Teig etwa 1/2 cm dick ausrollen und mit dem verquirlten Ei bestreichen. Die Apfelscheiben gefächert auflegen, den Teig in Rechtecke schneiden und auf ein leicht gefettetes Backblech setzen, mit Kristallzucker reichlich bestreuen. Bei 180°C ca. eine halbe Stunde backen. Die Apfel-Jalousien noch heiß mit Zimtzucker bestreuen.

Rezept von:
Hedwig Altrogge, Reitlehen

Gebackene Apfelradln auf Apfelschaum

Rezept für 4 Personen

Apfelradln

Zutaten:

2 große Äpfel
Zitronensaft und Rum zum Marinieren

Für den Milchbackteig:
100 g Mehl, griffig
Salz
1 EL Zucker
1/8 l Milch
1 Dotter
Schnee von 1 Klar
Butterschmalz oder Öl zum Backen

Zubereitung:

- Äpfel schälen, entkernen und in 1 cm dicke Scheiben schneiden, mit Zitronensaft und Rum marinieren.
- Mehl in eine Schüssel geben, Salz und Zucker hinzufügen, Milch und Dotter einrühren, Klar zu Schnee schlagen, vorsichtig unterheben, Apfelradl durch Milchbackteig ziehen und in heißem Butterschmalz oder Öl goldbraun backen.

Apfelschaum

Zutaten:

1/8 l Apfelsaft
2 TL Maizena
80 g Staubzucker
Zitronensaft
2 Dotter
1/8 l Obers, geschlagen

Staubzucker zum Bestreuen
Apfelspalten zum Garnieren

Zubereitung:

- Alle Zutaten kalt verrühren und vorsichtig zur Rose abziehen, das heißt 10 Minuten bei 85-90°C rühren. Vorsicht: Die Temperatur von 90°C sollte nicht überschritten werden, denn sonst flockt das Ei aus! Die cremige Masse überkühlen lassen, nach dem Erkalten das geschlagene Obers unterheben.
- Apfelschaum auf Teller auftragen, gebackene Apfelradln auf den Schaum legen, mit Staubzucker bestreuen und mit frischen Apfelspalten garnieren.

Rezept von:
Dipl.Päd. Petra Mösenlechner, Bramberg

Apfelkaltschale mit Pistazienknödel

Rezept für 4 Personen

Zutaten:

4 Äpfel, aromatisch, mittelgroß
1/4 l Weißwein, halbtrocken
1/2 l Wasser
1 Zweig Zitronenmelisse
30-40 g Zucker
Saft von 1 Zitrone

Für die Pistazienknödel:
200 g Doppelrahm-Frischkäse
1 EL Vanillezucker
1 EL Cointreau (Orangenlikör)
25 g Pistazien, gehackt
etwas Orangenschale, unbehandelt, abgerieben

Zitronenmelisse zum Bestreuen

Zubereitung:

- Die Äpfel schälen, halbieren und die Kerngehäuse entfernen. Die Apfelhälften der Länge nach in dünne Spalten schneiden. Mit Wein, Wasser, Zitronenmelisse, Zitronensaft und Zucker in eine Mikrowellenform geben und zugedeckt 8-10 Minuten bei 600 Watt kochen.

- Währenddessen für die Pistazienknödeln den Frischkäse mit den übrigen Zutaten gründlich verrühren und die Masse kalt stellen.

- Den Zweig Zitronenmelisse aus der Apfelmasse nehmen, zwei Drittel der Masse mit einem Stabmixer zu Suppe pürieren und kalt stellen. Die Apfelsuppe auf tiefe Teller verteilen.

- Aus der Pistazienmasse mit nassen Händen oder zwei Löffeln kleine Knödel formen und auf der Suppe anrichten. Die restlichen Apfelspalten in die Apfelsuppe geben, mit Melisse bestreut servieren.

Rezept von:
Karin Hornberger, Heroldsberg, Deutschland

Bratapfelsoufflé

Rezept für 4 Personen

Zutaten:

3 Äpfel, säuerlich (Boskop)
Calvados
(französischer Apfelbranntwein)
Zimt
Butter
Mandelstifte
2 Eier
1/2 EL Kristallzucker

Butter und Kristallzucker für die Form

Zubereitung:

- Die Äpfel aushöhlen, mit Mandeln, etwas Calvados und Zimt füllen, ein kleines Stück Butter daraufsetzen und im vorgeheizten Backrohr bei 180°C ca. 15 Minuten garen. Ausgekühlt durch ein sehr feines Sieb passieren.

- Zwei Eidotter mit 1/2 EL Kristallzucker zu einer weiß glänzenden, festen Masse schlagen und die fein passierten Äpfel dazugeben. Die Masse darf nicht zu dünnflüssig sein. Eiklar zu Schnee schlagen und unterheben.

- Auflaufform mit Butter ausstreichen, mit Kristallzucker ausstreuen und die Masse 3/4 hoch einfüllen. Bei 180°C 7-8 Minuten im Rohr backen und sofort servieren.

Rezept von:
Dr. Rosmarie Drexler, Zell am See

Apfel- Topfeneisknödel im Pistazienmantel

Zutaten:

Saft und Schale von 1 Zitrone, unbehandelt
1 großer, saurer Apfel
100 g Zucker
150 ml Apfelsaft
1 Blatt weiße Gelatine
1 Päckchen Vanillezucker
250 ml Schlagobers
500 g Topfen, 40%
100 g Pistazienkerne, fein gehackt

Zubereitung:

- Zitrone auspressen, Schale fein abreiben, Apfel schälen, grob raspeln, mit 3-4 EL Zitronensaft beträufeln.

- Zucker karamellisieren, mit Apfelsaft ablöschen und 2-3 Minuten köcheln. Apfelmasse dazugeben und 10 Minuten bei mittlerer Hitze einkochen. Gelatine im kalten Wasser einweichen und im heißen Apfelpüree auflösen, mit Vanillezucker und Zitronenschale würzen und abkühlen lassen.

- Obers leicht anschlagen, Topfen mit der Apfelmischung glatt rühren und das Obers unterheben. Die Masse in eine Eismaschine geben und 20-25 Minuten gefrieren. Das Eis in eine Arbeitsschale füllen und zugedeckt 15-30 Minuten in den Tiefkühler stellen.

- Die Pistazien fein hacken. Aus der Eismasse mit einem Eiskugelportionierer 16 Kugeln ausstechen, in Pistazien wälzen und wieder in den Tiefkühler legen. Eiskugeln in einer Schüssel anrichten und mit Beeren- oder Marillenkompott servieren.

Rezept von:
Karin Kogler, Hallein

Apfeltarte

Rezept für 2-4 Personen

Zutaten:

4 säuerliche Äpfel
1 EL Butter
1 EL Rohrzucker
Zimt
1 Packung Blätterteig
Honig zum Beträufeln

Zubereitung:

- Äpfel schälen, entkernen und in Spalten schneiden. Butter mit Rohrzucker und einer kräftigen Prise Zimt in einer Pfanne erhitzen, Apfelspalten darin kurz andünsten. Blätterteig messerrückendick ausrollen, über die Äpfel legen und am Pfannenrand abtrennen. Im vorgeheizten Rohr bei 220°C etwa 12 Minuten backen. In der Pfanne zu Tisch bringen. Portionsweise abstechen, mit Honig beträufeln und anrichten.

Rezept von:
Elfriede Egger, Bramberg

Bratapfel mit Pinienkernen, Cranberries und Marzipan in Zimtsoße

Rezept für 4 Personen

Zutaten:

60 g Pinienkerne
Saft von 1 Orange, frisch gepresst
2 EL Cranberries
(großfruchtige Moosbeere), getrocknet
80 g Butter
Mark von1 Vanilleschote
40 g Biskuitbrösel
4 säuerliche Äpfel (Boskop)
150 g Marzipanmasse
1 EL Staubzucker
Butter für die Form

Für die Soße:

250 ml Milch
65 g Zucker
2-3 Zimtstangen
3 Eigelb

Zitronenmelisse oder Minze
zum Garnieren

Zubereitung:

- Die Pinienkerne in einer Pfanne ohne Fett goldbraun rösten. Den Orangensaft erwärmen und die Cranberries darin einweichen. Die Vanilleschote halbieren und das Mark herauskratzen. Von den Äpfeln je eine fingerdicke Scheibe als Deckel abschneiden und bis auf eine Wandstärke von einem Zentimeter aushöhlen. Pinienkerne, Cranberries, Brösel, Vanillemark und Marzipan verkneten und in die Äpfel füllen. Die Deckel darauflegen und mit Staubzucker bestreuen. Die Äpfel in eine bebutterte Form setzen, die restliche Butter als Flöckchen daraufgeben und 30 Minuten im vorgeheizten Backrohr bei 180°C garen.

- Für die Soße Milch mit Zucker und den Zimtstangen aufkochen, nach und nach unter das Eigelb rühren. Alles wieder zurück in den Topf geben und unter ständigem Rühren weiter erhitzen, bis die Mischung bindet (auf keinen Fall zum Kochen bringen!). Sofort vom Herd nehmen und durch ein feines Sieb in eine Schüssel passieren. Mit Klarsichtfolie abdecken und abkühlen lassen. Die Äpfel mit der Soße servieren und mit Zitronenmelisse bestreuen.

Rezept von:
Toni Lassacher, Mühlbach

Strudelteigblüten mit frischen Äpfeln

Zutaten:

1 Packung Strudelteigblätter, tiefgekühlt
Butter, zerlassen
Nüsse, gerieben
etwas Zimt

Für die Fülle:

1 Becher Obers
1/2 Becher Sauerrahm
Zimt und Zucker nach Geschmack

Apfelfülle:

1 säuerlicher Apfel
Zitronensaft zum Bestreichen

Zubereitung:

- Aus dem Strudelteig Quadrate (12x12 cm) ausschneiden. Die Quadrate mit flüssiger Butter bestreichen und in eine Indianerform setzen. Dabei jeweils in die Mitte eines Quadrates Nüsse und Zimt streuen und ein weiteres Quadrat aufsetzen, 2-3 Schichten ergeben eine schöne Teigblüte. Vor dem Backen vorsichtig in die Form hineindrücken, sodass ein Körberl entsteht, im Rohr bei ca. 180°C goldbraun backen.

- Für das Zimtobers das Obers steif schlagen, Sauerrahm vorsichtig unterheben, mit Zimt abschmecken.

- Apfel mit der Schale in dünne Spalten schneiden, mit Zitronensaft bestreichen, Strudelteigblüten mit Zimtobers füllen, mit Apfelspalten belegen und mit Staubzucker bestreuen.

Rezept von:
Dipl.Päd. Petra Mösenlechner, Bramberg

Apfelkruste

Zutaten:

1 1/2 kg Äpfel, grob gerieben
Zitronensaft
Zimt
etwas brauner Zucker, je nach Apfelsorte
eventuell Rosinen

Für den Streusel:

200 g Mehl
150 g Nüsse, gerieben
150 g Feinkristallzucker oder Staubzucker
Zimt
Vanillezucker
200 g Butter, zerlassen

Zubereitung:

- Äpfel mit Zitronensaft, Zimt, Zucker und eventuell Rosinen mischen und auf ein etwas tieferes Backblech geben.

- Für den Streusel alle Zutaten gut mischen und zuletzt die zerlassene Butter einrühren, auf die Apfelmasse geben und im vorgeheizten Backrohr bei 170°C ca. 35 Minuten backen.

Tipp:
Für dieses Rezept ist jede Apfelsorte geeignet. Da man relativ viele Äpfel braucht, kann man dafür gut auch Fallobst verwenden (Klarapfel etc.).

Rezept von:
Christine Innerhofer, Neukirchen

Knödelvariation mit karamellisierten Äpfeln

Rezept für 4 Personen

Zutaten:

Für den Teig:

250 g Bröseltopfen
30 g Butter
Zitronenschale
1 Ei
1 Dotter
Salz
1 Päckchen Vanillezucker

Für die Fülle:

4 Weintrauben
4 x 1/2 Mozartkugel

Nussbrösel zum Wälzen:

60 g Butter
60 g Brösel
Nüsse, gerieben
Kristallzucker

2 Äpfel
Zitronensaft
Zucker

Zubereitung:

- Die Zutaten für den Teig gut verrühren und zugedeckt im Kühlschrank 1 Stunde stehen lassen, 8 Knöderl formen (Trauben und halbierte Mozartkugeln mit dem Teig umhüllen). In Salzwasser 10-15 Minuten schwach kochen lassen, in Nussbröseln wälzen.

- Äpfel gut waschen, abtupfen und der Länge nach mit der Aufschnittmaschine dünn schneiden, auf ein Backblech legen, mit Zitronensaft bestreichen und mit Kristallzucker bestreuen, im Rohr bei 120°C karamellisieren. Knöderl und karamellisierte Äpfel anrichten, mit Zimtzucker und Walnüssen garnieren.

Garnierung:
Zimtzucker
Walnüsse, ganz

Rezept von:
Dipl.Päd. Petra Mösenlechner
Bramberg

Besoffener Bratapfel mit Vanilleeis

Rezept für 6 Personen

Zutaten:

6 Äpfel, säuerlich (Cox Orange oder Boskop), geschält, entkernt
25 g Butter
4 EL Zucker
1/2 TL Zimt
2 EL Zitronensaft
5 EL Weißwein, trocken
10 EL Rum
12 Kugeln Vanilleeis

Mandelblättchen, geröstet, zum Garnieren

Zubereitung:

- Mandelblättchen in einer Pfanne anrösten und auskühlen lassen. Äpfel schälen, Kerngehäuse entfernen, halbieren und in einer Pfanne mit Butter anbraten, mit Zimt und Zucker bestreuen, mit Weißwein, Rum und Zitronensaft angießen und ca. 10 Minuten fertig garen. Die heißen Äpfel mit je zwei Kugeln Vanilleeis auf Teller geben, mit der Sauce beträufeln und mit gerösteten Mandelblättchen bestreut servieren.

Rezept von:
Helene Wechselberger, Neukirchen

Apfelknödel

Rezept für 4 Personen

Zutaten:

1 kg Äpfel, geschält, würfelig geschnitten
2 Eier
1/2 l Milch
Salz
100-150 g Mehl
100 g Butter
150 g Semmelbrösel

Zubereitung:

- Zuerst Äpfel schälen und würfelig schneiden. Eier mit Milch und Salz versprudeln und über die Äpfel gießen, dann gibt man – abhängig von der Apfelsorte – so viel Mehl dazu, dass die Knödel nicht zerkochen. Mit nassen Händen Knödel formen, in leicht siedendes Wasser legen und 15 Minuten ziehen lassen.

- Butter zerlassen, Brösel einrühren und goldgelb rösten. Knödel aus dem Wasser heben, abtropfen lassen und in Butterbröseln wälzen.

Rezept von:
Alois Blaickner, Bramberg

Apfelomelette

Rezept für 3 Personen

Zutaten:

300 g Äpfel, säuerlich
1 EL Zucker
1 EL Rosinen
1 EL Rum
1/2 TL Zimt

Für den Teig:

2 Dotter
1/4 l Milch
100-120 g Mehl (Vollmehl)
Prise Salz
2 Eiklar
20 g Zucker

Fett zum Backen
Zimtzucker zum Bestreuen

Zubereitung:

- Äpfel schälen, in kleine Würfel schneiden, mit Zucker, Rosinen, Rum und Zimt mischen und zugedeckt kurz ziehen lassen.

- Dotter mit Milch, Mehl und Salz versprudeln, Eiklar mit Zucker steif schlagen und unterheben. In einer flachen Pfanne Fett erhitzen, ein Drittel der Masse einfließen lassen, mit Apfelwürfeln bestreuen und beidseitig goldbraun backen. Den Vorgang noch drei Mal wiederholen. Die Omelette dreifach zusammenschlagen und mit Zimtzucker bestreut servieren.

Rezept von:
Martina Lassacher
Mühlbach

Apfelcreme

Rezept für 4 Personen

Zutaten:

3-4 mittelgroße Äpfel, Elstar, Jonagold oder Boskop, geschält, würfelig geschnitten
Zitronensaft
1/2 l Apfelsaft
1 Päckchen Vanillepuddingpulver
50 g Wal- oder Haselnüsse, gerieben
1/2 TL Zimt
1/4 l Schlagobers

Schlagobers zum Verzieren
Minzeblätter, Zimt oder Schokoraspeln zum Verzieren

Zubereitung:

- Die Apfelwürfel mit Zitronensaft beträufeln und beiseite stellen. Apfelsaft zum Kochen bringen, Puddingpulver einrühren, Apfelstücke dazugeben und unter Rühren etwas auskühlen lassen – mit Nüssen und Zimt würzen und geschlagenes Obers unterrühren, in Dessertschalen füllen und kalt stellen.

- Vor dem Servieren mit einem Tupfer Schlagobers und Minzeblättern, Zimt oder Schokoraspeln verzieren.

Rezept von:
Anneliese Gschwandtner, Michaelbeuern

Flambierter Bratapfel mit Datteln und Amaretto-Sabayon

Rezept für 4 Personen

Zutaten:

4 Äpfel, Boskop, entkernt und ausgehöhlt
2 EL Datteln, fein gewürfelt
2 EL Pistazien, gehackt
1 EL Kirschen, kandiert, fein gewürfelt
2 EL Staubzucker
1/4 l Weißwein

Für das Sabayon:

2 Eidotter
70 g Zucker
70 ml Weißwein
ein Schuss Amaretto (italienischer Marillen-Mandel-Likör)

Butter für die Form

1,5 dl hochprozentiger Rum zum Flambieren

Zubereitung:

- Äpfel aushöhlen, Pistazien, Datteln und Kirschen mit Staubzucker mischen und in die Äpfel füllen. Eine Form mit Butter einfetten, Äpfel reinsetzen, übrige Fruchtmischung rundherum legen und mit Weißwein aufgießen. Im vorgeheizten Bachkofen bei 200°C 10 Minuten lang bissfest garen.

- Für das Sabayon Eidotter, Zucker, Amaretto und Weißwein über Dampf cremig schlagen. Rum im Schöpfer über Flamme erhitzen, entzünden und sofort über die Äpfel gießen. Mit Amaretto-Sabayon servieren.

Rezept von:
Frieda Vötter, Bramberg

Bratäpfel mit Nusseis

Rezept für 4 Personen

Zutaten:

4 mittelgroße Äpfel, Boskop, Jonathan oder Cox Orange
3 EL Rosinen
5 EL Rum
30 g Butter
4 EL Haferflocken, kleinblättrig
5 EL Zucker, braun
5 EL Obers

4 Kugeln Nusseis

Zubereitung:

- Rosinen waschen, trocken tupfen und ca. 1 Stunde in Rum quellen lassen. Butter zerlassen, Haferflocken und Zucker zufügen und leicht bräunen. Obers und Rosinen untermischen. Äpfel waschen, trocken tupfen und die Kerngehäuse mit dem Apfelausstecher entfernen. Auf eine feuerfeste Platte oder in eine Auflaufform setzen und mit der Haferflockenmasse füllen.

- Im vorgeheizten Backrohr bei 220°C 20-35 Minuten backen und mit je einer Kugel Nusseis servieren.

Rezept von:
Doris Trauner, Piesendorf

Apfelbandnudeln

Rezept für 4 Personen

Zutaten:

2 Handvoll Bandnudeln

2 EL Zucker
1 Messerspitze Zimt
1 Stück Butter, nussgroß
500 g Äpfel, geschält, fein geschnitten

Zubereitung:

- Bandnudeln in Salzwasser nach Anleitung kochen und abschrecken. Die feinblättrig geschnittenen Äpfel mit Zucker und Zimt in Butter dünsten. Die Nudeln untermengen und servieren.

Rezept von:
Franziska Brandstätter, Faistenau

Apfelnudeln

Rezept für 4 Personen

Zutaten:

3 mittelgroße Äpfel, säuerlich, geschält, in nicht zu dünne Streifen geschnitten
500 g Mehl, griffig
Prise Salz
1 EL Zucker
1/4 l heißes Wasser

Öl und Butter zum Backen
Kristallzucker zum Bestreuen

Zubereitung:

- Äpfel schälen, Gehäuse ausstechen, in Scheiben und diese in nicht zu dünne Streifen schneiden. Apfelstifte in eine Schüssel geben, Salz, Zucker und Mehl untermengen, Masse mit heißem Wasser übergießen, sodass ein klebriger, nicht zu flüssiger Teig entsteht.

- In einer Pfanne Öl mit etwas Butter erhitzen, mit einem Löffel kleine Laibchen formen und hineinsetzen, beidseitig bräunen, mit Kristallzucker bestreut servieren.

Rezept von:
Erika Huber, Uttendorf

Wunderbarer Apfelkuchen

Zutaten:

Für den Teig:
300 g Mehl
1/2 Päckchen Backpulver
120 g Zucker
150 g Butter
3 Dotter
Schale von 1/2 Zitrone, unbehandelt, fein gerieben
etwas Milch

Für die Fülle:
ca. 1 1/4 kg Äpfel (McIntosh oder Jonathan), blättrig geschnitten
80 g Hagelzucker
80 g Rosinen
Schale von 1 Orange, unbehandelt, fein gerieben
1 Eiklar
50 g Staubzucker

Zubereitung:

- Alle Zutaten zu einem glatten Teig verarbeiten, ausrollen und auf ein Backblech geben. Bei 170°C hellbraun backen.

- Für die Fülle Äpfel, Rosinen, Zucker und Orangenschale mit ganz wenig Wasser aufkochen und gleichmäßig auf den Teig verteilen. Eiklar mit Staubzucker ganz fest schlagen, über die Apfelfülle streichen und ca. 20 Minuten bei 150°C überbacken. Ausgekühlt aufschneiden.

Rezept von:
Anni Mader, Niedernsill

Apfel-Mandelschnitten

Zutaten:

330 g Butter
6 Dotter
330 g Zucker
1 1/2 Päckchen Vanillezucker
120 g Mandeln, grob gerieben
150 g Haushaltsschokolade, gerieben
330 g Mehl (Voll- oder Dinkelmehl)
1 1/2 Päckchen Backpulver
3 große, saftige Äpfel (Kronprinz Rudolf oder Elstar), fein gerieben
6 Eiklar

Butter für die Form
Staubzucker zum Bestreuen
eventuell Schokoladeglasur

Zubereitung:

- Aus Butter, Zucker und Dotter einen Abtrieb herstellen. Danach Mandeln, Schokolade und Äpfel dazurühren. In der Zwischenzeit die Eiklar zu Schnee schlagen. Das Mehl mit dem Backpulver und den Schnee unter die Abtriebmasse heben. Auf ein Backblech streichen oder in eine Kasserolle füllen und ca. eine Stunde bei 160°C backen. Nach dem Erkalten entweder in Schnitten oder Würfel schneiden. Man kann den Kuchen nur mit Staubzucker bestreut servieren oder mit Schokoglasur überziehen.

Tipp:
In der Kasserolle wird der Kuchen sehr saftig.

Rezept von:
Eva Mader, Niedernsill

Altböhmischer Apfelkuchen

Zutaten:

300 g Grieß, fein
300 g Mehl, glatt
300 g Staubzucker
1 Päckchen Backpulver
2 kg Äpfel, geschält und grob gerieben
Zimt
Nelkenpulver
Zitronensaft
eventuell Rosinen
250 g Butter, zerlassen

Zubereitung:

- Grieß, Mehl, Staubzucker und Backpulver trocken verrühren. Äpfel mit Zimt, Nelkenpulver und Zitronensaft würzen. Backblech mit Butter bestreichen, 1/3 der Mehlmischung daraufgeben und die Hälfte der Äpfel darüber verteilen. Das zweite Drittel der Mehlmischung, die restlichen Äpfel und abschließend den Rest der Mehlmischung daraufgeben, die Hälfte der zerlassenen Butter darübergießen und bei 200°C backen.

- Nach 30 Minuten Backzeit die restliche Butter darübergeben und noch weitere 30 Minuten backen.

Tipp:
Als Variante kann man der Mehlmischung 20 g Kakao beifügen.
Serviert man den Apfelkuchen mit Schlagobers, schmeckt er noch feiner!

Rezept von:
Katharina Lettner, Salzburg

Gedeckter Apfelkuchen

Zutaten:

1/2 kg Mehl
250 g Zucker
250 g Butter
1/2 Päckchen Backpulver
1 Päckchen Vanillezucker
2 Dotter
1 Mandelbitter
1 Becher Sauerrahm
1/2 Becher Topfen

Für die Fülle:
ca. 1 1/2 kg Äpfel, gerieben

Zubereitung:

- Aus den Zutaten einen Mürbteig kneten, die Hälfte des Teigs ausrollen und auf ein befettetes Blech geben, die geriebenen Äpfel darauf verteilen, die zweite Teighälfte ausrollen und darauflegen. Bei 180°C 40-45 Minuten backen.

Rezept von:
Claudia Entfellner, Uttendorf

Äpfel-Nusskuchen

Zutaten:

100 g Öl
100 g Zucker
3 Eier
1/8 l heißes Wasser
250 g Vollmehl
100 g Nüsse, gerieben
1/2 Päckchen Backpulver
1 kg Äpfel, säuerlich, geschält und gerieben
Zitronensaft

Für den Streusel:

150 g Mehl
100 g Staubzucker
50 g Nüsse, gerieben
Zimt
120 g Butter, zerlassen

Zubereitung:

- Für den Streusel Mehl mit Zucker, Zimt und Nüssen mischen und mit der zerlassenen Butter zu einer krümeligen Masse reiben.
- Öl, Zucker und Eier mit heißem Wasser schaumig rühren. Mehl, Nüsse und Backpulver mischen und unter die Schaummasse rühren. Den Teig auf ein befettetes, bemehltes Blech streichen.
- Die Äpfel schälen und grob reiben. Mit etwas Zitronensaft vermischen und über den Teig verteilen. Mit Streusel bestreuen und im vorgeheizten Backrohr bei 180°C ca. 40 Minuten backen.

Rezept von:
Anna Wieder, Köstendorf

Äpfelzimttorte

Zutaten:

Für den Mürbteig:

250 g Mehl
1 Messerspitze Backpulver
125 g Butter
1 Prise Salz
100 g Staubzucker
1 Ei

Für die Fülle:

ca. 1 kg Äpfel (Boskop)
2 Päckchen Vanillepuddingpulver
70 g Zucker
1 Päckchen Vanillezucker
3/4 l Apfelsaft

1 Becher Schlagobers zum Garnieren
Zimt zum Bestreuen

Zubereitung:

- Mürbteig zubereiten, 1/2 Stunde rasten lassen.
- Für die Fülle Äpfel schälen und klein schneiden, aus Apfelsaft, Vanillezucker, Zucker und Puddingpulver einen Pudding zubereiten, zum Schluss die Äpfel dazugeben. Mit dem Mürbteig eine Tortenform mit 26 cm Durchmesser auslegen, Füllung daraufgeben und ca. 1 Stunde bei 160°C backen. Gut auskühlen lassen, Schlagobers steif schlagen, die Torte damit einstreichen und mit Zimt bestreuen.

Rezept von:
Trude Altenberger, Mittersill

Apfeltorte

Zutaten:

Für das Biskuit:
6 Eier
150 g Zucker
150 g Mehl
30 g Speisestärke
2 TL Backpulver
3 EL heißes Wasser

Für die Apfelmasse:
700 g Äpfel
400 ml Weißwein
100 g Zucker
1 Zimtstange
2 Sternanis
100 g Sultaninen
4 cl Rum

100 g Erdbeermarmelade
500 g Obers
1 Päcken Vanillezucker
100 g Mandelblättchen
14 Apfelspalten
etwas Zitronensaft

Zubereitung:

- Den Boden einer Springform von 26 cm Durchmesser mit Backpapier auslegen. Die Eier, 3 EL heißes Wasser und den Zucker in eine Rührschüssel geben, 3-4 Minuten schaumig rühren. Das Mehl mit der Speisestärke sowie dem Backpulver mischen, sieben und unter die Masse heben. Den Biskuitteig in die vorbereitete Springform füllen und im vorgeheizten Backofen bei 180°C 30-35 Minuten backen. Das Biskuit auskühlen lassen, dann erst aus der Form lösen.

- Für die Apfelmasse die Äpfel schälen, entkernen und in Spalten schneiden. Den Weißwein mit Zucker, Zimt und Sternanis aufkochen, Apfelspalten, Sultaninen und Rum zugeben und einmal aufkochen lassen. Von der Kochstelle nehmen und auskühlen lassen.

- Das Biskuit zweimal horizontal durchschneiden. Den ersten sowie den mittleren Boden mit Erdbeermarmelade bestreichen. Den ersten Boden auf eine Tortenplatte legen und mit einem Tortenring umstellen. Die Hälfte der Apfel-Rosinenmischung auf dem Boden verteilen. Den zweiten Tortenboden darauflegen und die restliche Apfelmischung darauf verteilen. Mit dem Deckblatt abschließen. Etwas festigen lassen, dann den Tortenring entfernen.

- Das Obers mit dem Vanillezucker steif schlagen. 1/3 der Masse in einen Spritzbeutel mit Sterntülle geben und beiseite legen. Mit dem restlichen Obers den Rand und die Oberfläche der Torte gleichmäßig einstreichen. Mit dem Spritzbeutel 14 Rosetten auf die Torte spritzen. Rand und Oberfläche mit den gerösteten Mandelblättchen bestreuen. Die Apfelspalten kurz in Zitronensaft wenden, trocken tupfen und auf jede Rosette eine Spalte setzen.

Rezept von:
Karin Hornberger, Heroldsberg, Deutschland

Mosttorte

Zutaten:

200 g Mehl
100 g Butter
100 g Staubzucker
1 Ei
1 Päckchen Vanillezucker
etwas Backpulver

Für die Fülle:

1 kg Äpfel (Boskop)
2 Päckchen Vanillepuddingpulver
200 g Kristallzucker
3/4 l Apfelmost

Butter für die Form
1 Becher Schlagobers zum Garnieren
Zimt zum Bestreuen

Zubereitung:

- Mehl, Butter, Zucker, Vanillezucker, Ei und Backpulver zu einem glatten Teig verarbeiten und 1/2 Stunde rasten lassen.

- Tortenform ausfetten, Boden und Rand mit Teig auslegen. Äpfel schälen und reiben, Puddingpulver mit Apfelmost und Zucker aufkochen, Äpfel untermischen und in die ausgelegte Form füllen. 1 Stunde bei 180°C backen. Schlagobers schlagen, die Torte damit verzieren und mit Zimt bestreuen. Über Nacht im Kühlschrank stehen lassen.

Rezept von:
Anneliese Beikircher, Salzburg

Apfelpudding-Torte

Zutaten:

Für den Biskuitteig:

3 Eier
70 g Zucker
1 Päckchen Vanillepuddingpulver
75 g Mehl
Butter und Mehl für die Form

Für die Apfelpuddingfülle:

1/2 l Weißwein oder 1/2 l Apfelsaft
5 EL Zitronensaft
6 Äpfel
2 Eier
80 g Zucker
70 g Vanillepuddingpulver
50 g Butter

400 g Schlagobers zum Garnieren
50 g Mandelblättchen oder
Krokant als Dekor

Zubereitung:

- Die Eier trennen, Eiklar steif schlagen, nach und nach Zucker einrieseln lassen. Die Dotter dazugeben. Mehl und Puddingpulver vermengen, vorsichtig mit dem Schneebesen unterheben, den Teig in eine Springform füllen und bei 200°C 15 Minuten backen.

- Zitronensaft, Wein oder Apfelsaft, Eier, Zucker und Puddingpulver in einen Topf geben und glatt rühren. Äpfel waschen, schälen, putzen und fein reiben. Die geriebenen Äpfel in die Masse geben, unter ständigem Rühren aufkochen lassen. Butter unter die heiße Apfelmasse rühren, abkühlen lassen, Masse auf den Biskuitboden streichen.

- Schlagobers steif schlagen, in einen Spritzbeutel füllen und den Kuchen damit verzieren. Mit gerösteten Mandelblättchen dekorieren.

Rezept von:
Monika Zeller, Unterthingau, Deutschland

Äpfel-Streuselkuchen

Zutaten:

Für den Streusel:
1/2 kg Mehl
1/3 Päckchen Backpulver
250 g Butter
250 g Zucker
1 Päckchen Vanillezucker
2 Dotter

Für die Fülle:
11/2 kg Äpfel, säuerlich, geschält, entkernt und blättrig geschnitten
150 g Zucker
Zimt
Sultaninen
Zitronensaft nach Geschmack

Zubereitung:

- Mehl mit dem Backpulver mischen, Butter grob hineinraspeln, Zucker und Vanille unterheben, Dotter hinzufügen und zu einer krümeligen Masse reiben.

- Für die Fülle alle Zutaten mischen. Zwei Drittel der Streusel auf ein befettetes Blech geben und festdrücken, die Fülle darauf verteilen, mit dem restlichen Streusel abdecken und im vorgeheizten Rohr bei 180°C ca. 30 Minuten backen.

Rezept von:
Elisabeth Hofer, Neukirchen

Kuchen mit Schneehaube

Zutaten:

Für den Teig:
100 g Butter
5 Dotter
3 EL Wasser
200 g Zucker
1 Päckchen Vanillezucker
300 g Mehl
1/2 Päckchen Backpulver
1/8 l Milch

Für die Schneehaube:
5 Eiklar
300 g Zucker
1 Päckchen Vanillezucker
1 kg Äpfel (Gala), geschält und in feine Spalten geschnitten
etwas Zimt und Zucker

Zubereitung:

- Aus den Zutaten einen Rührteig bereiten und auf einem befetteten Blech bei 170°C ca. 15 Minuten backen.

- Äpfel mit Zimt und Zucker mischen und auf den vorgebackenen Kuchen geben, steifgeschlagenen Schnee mit Zucker darüberstreichen. Im Rohr kurz goldgelb überbacken.

Rezept von:
Rosmarie Köller, Hollersbach

Äpfel-Mandelkuchen

Zutaten:

Für den Teig:
300 g Weizenmehl
1 gestrichener TL Backpulver
100 g Zucker
1 Päckchen Vanillezucker
1 Ei
Schale von 1/2 Zitrone, unbehandelt, gerieben
200 g kalte Butter
Butter für das Backblech

Für den Belag:
3 EL Marillenmarmelade
75 g Rosinen
1 1/2 -1 3/4 kg Äpfel
125 g Butter
125 g Zucker
1 Päckchen Vanillezucker
2 EL Honig
3-4 EL Obers
200 g Mandeln, geschält und gerieben

Zubereitung:

- Mehl mit Backpulver mischen, auf die Tischplatte sieben, in die Mitte eine Vertiefung drücken. 100 g Zucker, 1 Päckchen Vanillezucker und die geriebene Zitronenschale hineingeben, mit einem Teil des Mehls zu einem dicken Brei verarbeiten. 200 g Butter in Stücke schneiden, auf den Brei geben, mit Mehl bedecken, von der Mitte aus alle Zutaten schnell zu einem glatten Teig verkneten.

- Ein etwas tieferes Backblech befetten, den Teig in der Größe des Backblechs ausrollen und darauflegen, mit Marmelade bestreichen und mit Rosinen bestreuen. Äpfel schälen, vierteln, entkernen, in Spalten schneiden und schuppenförmig auf den Teig legen.

- Butter zerlassen, Zucker, Vanillezucker, Honig und Obers hinzufügen, unter Rühren erhitzen, bis sich der Zucker gelöst hat. Mandeln unterrühren, die Masse abkühlen lassen, über die Äpfel geben, das Backblech auf die mittlere Schiene in den vorgeheizten Backofen schieben und bei 175°-200°C etwa 40 Minuten backen.

Rezept von:
Romana Keltscha, Saalfelden

Zimt-Apfel-Küchlein

Zutaten:

1 kg Äpfel (Jonagold)
Saft von 1/2 Zitrone
250 g Butter
200 g Zucker
1 Päckchen Vanillezucker
1 Prise Salz
4 Eier
400 g Mehl
1 Päckchen Backpulver
1/2 TL Zimt
2 EL Staubzucker

Zubereitung:

- Äpfel schälen, vierteln, das Kerngehäuse entfernen. Apfelviertel in Würfel schneiden und mit Zitronensaft beträufeln.

- Butter, Zucker, Vanillezucker und Salz schaumig rühren, Eier unterrühren, Mehl, Backpulver und Zimt unter die Masse rühren. Apfelwürfel unter den Teig heben. Aus dem Teig Häufchen auf ein mit Backpapier ausgelegtes Backblech setzen und bei 180°C 15-20 Minuten backen, mit Staubzucker bestreuen.

- Die Küchlein können auch warm als Hauptmahlzeit (mit Milch) gegessen werden.

Rezept von:
Irmgard Leitinger, Weißbach

Zucchini-Apfel-Becherkuchen

Zutaten:

5 Eier
1 Becher Zucker
3 Becher Mehl
1 Becher Öl
2 Becher Zucchini, gerieben, mit Schale
4 EL Honig
Zimt
Rum
2 Päckchen Vanillezucker
1 1/2 Päckchen Backpulver
2 Becher Äpfel, säuerlich (Boskop)
würfelig geschnitten

Butter für die Form

1 Becher = 1 Joghurtbecher, 150 g

Zubereitung:

- Eier mit Zucker, Mehl, Öl, Honig, Zimt, Rum, Backpulver und Vanillezucker verrühren, die Zucchini kurz unterheben und in eine gefettete Kasserolle geben. Die Äpfel über den Teig streuen und mit der Teigkarte eventuell etwas andrücken, damit sie einsinken.

- Im vorgeheizten Backrohr bei 180°C etwa 45 Minuten backen und noch warm servieren.

Rezept von:
Aloisia Obwaller, Bramberg

Feiner Apfelkuchen

Zutaten:

Für den Teig:
200 g Butter
150 g Zucker
4 Eier
1 EL Zitronenschale,
unbehandelt, gerieben
200 g Mehl

Für die Fülle:
75 g Zucker
1 EL Zitronenschale,
unbehandelt, gerieben
3 EL Zitronensaft
1 Zimtstange
1/2 kg Äpfel, säuerlich
200 ml Wasser
Butter und Semmelbrösel für die Form

Zubereitung:

- Für die Fülle Wasser mit Zucker, Zitronenschale, Zitronensaft und Zimtstange aufkochen. Die Äpfel schälen, entkernen, in Spalten schneiden und sofort in den Zitronensud geben, wieder aufkochen und zugedeckt etwa 2 Minuten köcheln. Auskühlen lassen und Zimtrinde entfernen.

- Für den Teig die Butter und den Zucker schaumig rühren, Eier und Zitronenschale unterrühren und das Mehl dazugeben. Eine Springform mit 24 cm Durchmesser fetten und mit Semmelbröseln ausstreuen. Die Hälfte des Teiges in der Form glatt streichen, die Äpfel gut abtropfen lassen und auf dem Teig verteilen, den restlichen Teig darüberstreichen.

- Den Kuchen auf der untersten Schiene im vorgeheizten Backofen bei 175°C etwa 40 Minuten backen. Zum Servieren mit Staubzucker bestreuen.

Rezept von:
Anna Stöffler, Salzburg

Äpfel-Dinkelschnitte

Zutaten:

Für das Biskuit:
5 Dotter
50 g Staubzucker
4 EL Wasser
150 g Dinkelmehl
3 Messerspitzen Backpulver
5 Eiklar
40 g Kristallzucker

Für das Apfelmus:
2 kg Äpfel
Zimtpulver
8-10 Blatt Gelatine
100 g Kristallzucker
200 g Gelierzucker
Vanillezucker
Zitronensaft

1/2 l Obers
2 Päckchen Sahnesteif
etwas Staubzucker
glacierte Apfelscheiben zum Garnieren

Zubereitung:

- Für das Biskuit Dotter mit Staubzucker und Wasser dickschaumig schlagen, Eiklar mit Kristallzucker zu Schnee schlagen und unterheben, abschließend Mehl mit Backpulver vermischen und dazugeben. Biskuitmasse auf befettetem, bemehltem Blech bei 180°C ca. 20 Minuten hell backen.

- Für das Apfelmus Gelatine in reichlich kaltem Wasser einweichen. Äpfel schälen, vierteln und entkernen. Etwas Wasser mit Kristallzucker, Gelierzucker, Zimtpulver, Zitronensaft und Vanillezucker aufkochen, anschließend Äpfel zugeben, weich dünsten und pürieren. Gelatineblätter ausdrücken und in der heißen Apfelmasse auflösen – dabei gut und kräftig rühren. Kurz überkühlen lassen und auf den Biskuitboden geben, auskühlen lassen und mit leicht gesüßtem Schlagobers bestreichen.

- Glacierte Apfelspalten: Apfel mit der Aufschnittmaschine dünn aufschneiden, Spalten mit Zitronensaft bestreichen und mit etwas Zucker bestreuen, im Rohr bei 100°C trocknen, dabei öfters umdrehen.

- Kuchen portionieren und jedes Stück mit einer glacierten Apfelscheibe belegen.

Rezept von:
Dipl.Päd. Petra Mösenlechner, Bramberg

Äpfel-Mohn-Torte

Zutaten:

4 mittelgroße Äpfel, säuerlich (Elstar), geschält, feinblättrig geschnitten
Saft 1/2 Zitrone
6 Eier
200 g Staubzucker
1 Prise Salz
1 Päckchen Vanillezucker
Schale von 1/2 Zitrone, gerieben, unbehandelt
200 g Mohn, gerieben
110 g Walnüsse, gerieben

Butter und Mehl für die Form

Zubereitung:

- Äpfel schälen, entkernen, vierteln, feinblättrig schneiden und mit Zitronensaft beträufeln. Eier trennen und Dotter mit Salz, Vanillezucker, Zitronenschale und einem Drittel Staubzucker schaumig schlagen. Eiklar mit restlichem Zucker steif schlagen, Schnee unter die Dottermasse heben und Mohn, Walnüsse und Äpfel vorsichtig unterziehen.

- Tortenform buttern und mit Mehl ausstauben, Apfel-Mohn-Gemisch einfüllen und im vorgeheizten Backrohr bei 150-160°C ca. 55 Minuten backen.

Rezept von:
Rosi Innerhofer, Mühlbach

Äpfel-Gugelhupf

Zutaten:

250 g Butter
250 g Staubzucker
250 g Weizenvollkornmehl
5 Eier
½ Päckchen Backpulver
1 Päckchen Vanillezucker
100 g Haushaltsschokolade, gerieben
120 g Walnüsse, gerieben
2 große Äpfel (Jonathan)

Zubereitung:

- Die Äpfel schälen und reiben. Aus Butter, Staubzucker und Dotter einen Abtrieb machen, das Eiklar zu Schnee schlagen und unterheben. Zuletzt das mit Backpulver versiebte Mehl sowie Schokolade, Nüsse und Äpfel in den Teig mengen. Die Masse in eine Gugelhupfform füllen und im vorgeheizten Backrohr bei 170°C etwa eine Stunde backen.

Rezept von:
Katharina Heugenhauser, Saalfelden

Äpfel-Wein-Torte

Zutaten:

250 g Mehl
125 g Zucker
125 g Butter
1 Ei
1 Päckchen Vanillezucker
2 TL Backpulver

Für die Fülle:

¼ l Weißwein
½ l Apfelsaft
100 g Zucker
1 Päckchen Vanillezucker
2 Päckchen Vanillepuddingpulver
1 kg Äpfel, geschält, fein geschnitten

300 ml Schlagobers zum Bestreichen
Eierlikör zum Verzieren

Zubereitung:

- Mehl, Zucker, Vanillezucker, Butter, Ei und Backpulver rasch zu einem Mürbteig verarbeiten, im Kühlschrank 45 Minuten rasten lassen. Boden und Rand einer Tortenform (Durchmesser 26 cm) mit dem Teig auskleiden.

- Für die Fülle Weißwein mit Puddingpulver kalt verrühren, Apfelsaft mit Zucker und Vanillezucker aufkochen, Puddingmasse einrühren und aufkochen. Äpfel schälen, vierteln, feinblättrig schneiden und unter den Apfel-Wein-Pudding mengen. Die Apfel-Pudding-Masse auf den Teigboden verteilen und bei 175-180°C ca. 45 Minuten backen. Über Nacht auskühlen lassen. Mit geschlagenem Obers bestreichen und mit Eierlikör verzieren.

TIPP:
Ist die Torte für Kinder, verwenden Sie für die Fülle ausschließlich Apfelsaft.

Rezept von:
Rosi Santner, Schleedorf

Apfelmousse-Törtchen
mit Calvadosgelee

Rezept für 6 Personen

Zutaten:

Für den Biskuitboden:
3 Eier
80 g Kristallzucker
60 g Mehl, glatt
Nougatcreme oder Marillenmarmelade

Für das Apfelpüree:
2-3 Äpfel, geschält, in Spalten geschnitten
3 Blatt Gelatine
Saft von 1 Zitrone
3 EL Apfelbrand oder Calvados
(französischer Apfelbranntwein)
3 Eidotter
60 g Zucker
1/8 l Schlagobers

Für das Gelee:
4 Blatt Gelatine
90 g Apfelsaft
140 g Calvados
40 g Chardonnay
(milder, vollmundiger Weißwein)
3 EL Zitronensaft
5 EL Läuterzucker (s. S. 124 Glossar)

Zubereitung:

- Für den Biskuitboden Eier in Dotter und Klar trennen. Dotter mit einem Spritzer heißem Wasser dick und cremig rühren, dabei den Zucker einrühren, bis er aufgelöst ist. Klar zu sämig-steifem Schnee schlagen und wechselweise mit dem Mehl in kleinen Portionen unterheben. Masse auf ein mit Backtrennpapier belegtes Blech streichen und im vorgeheizten Backrohr bei 180°C 8-10 Minuten backen.

- Äpfel schälen, in Spalten schneiden, Kerngehäuse ausschneiden. Die Apfelspalten in wenig Wasser weich dünsten und anschließend pürieren (von diesem Püree werden 150 g benötigt). Dotter mit Zucker über Dampf cremig rühren. Apfelpüree einrühren und Masse abkühlen lassen. Gelatine in kaltem Wasser einweichen. Zitronensaft und Apfelbrand erhitzen, Gelatine darin auflösen. Obers steif schlagen und mit der aufgelösten Gelatine unter die Masse ziehen. Ca. 1 Stunde kühlen.

- Für das Gelee die Gelatine in kaltem Wasser einweichen. Apfelsaft aufkochen, Gelatine darin auflösen und alle restlichen Zutaten einrühren. Auf Eiswasser so lange rühren, bis das Gelee dickflüssig ist.

- Biskuit in Form schneiden und mit Nougatcreme oder Marillenmarmelade dünn bestreichen. Böden in gleich große Plastikringe stellen. Mit Apfelpüree füllen, darauf eine Schicht Calvadosgelee geben und ca. 1 Stunde kühlen. Ein kleines, schlankes Messer in kochend heißes Wasser tauchen und die Törtchen aus den Formen schneiden.

Rezept von:
Josef Steffner-Wallner, Restaurant Mesnerhaus, Mauterndorf

Apfeltiramisu-Torte

Zutaten:

Für das Biskuit:
6 Dotter
180 g Staubzucker
1 Päckchen Vanillezucker
6 Eiklar
120 g Mehl (eventuell mischen: 60 g Weizen- und 60 g Dinkelmehl)

Für das Apfelmus:
1 kg Äpfel, mit Schale und Kern
1/8 l Wasser
50 g Kristallzucker
Saft und Schale von 1 Zitrone, unbehandelt
3 Nelken
1 kleines Stück Zimtrinde

Für die Creme:
250 g Mascarpone
2 Eier
50 g Zucker

Zubereitung:

- Für das Biskuit Dotter mit Zucker und Vanillezucker schaumig rühren, das steif geschlagene Eiklar unterziehen, das Mehl unterheben, auf ein mit Backpapier ausgelegtes Backblech streichen und im vorgeheizten Backrohr bei 180°C ca. 15 Minuten backen.

- Für das Apfelmus Äpfel waschen, mit Schale und Kerngehäuse in kleine Stücke schneiden, Nelken, Zimt und Zitronenschale zugeben und mit etwas Wasser je nach Apfelsorte 10-20 Minuten leicht kochen. Gewürze und Zitronenschale entfernen, durch ein Sieb passieren und mit Zitronensaft abschmecken. Mascarpone mit Ei und Zucker schaumig schlagen.

- Den Biskuitboden in gewünschte Größe schneiden, eine Tortenform mit etwa einem Drittel des Biskuits auslegen, mit einem Drittel der Mascarponecreme bestreichen und Apfelmus daraufgeben, den Vorgang noch zweimal wiederholen, mit Apfelmus abschließen. Über Nacht stehen lassen.

Tipp:
Statt des Biskuits kann man auch Biskotten nehmen (2 Packungen für dieses Rezept) und ganz wenig in Weißwein tunken.

Rezept von:
Roswitha Poppenreiter, Hallein

Bramberger Apfelbrot

Zutaten:

Für den Brotteig:
400 g Roggenvollkornmehl
200 g Dinkelmehl
250 g Weizenmehl, Type 700
550 g Wasser, ca. 27°C
20 g Salz
60 g Hefe
1 EL Honig

Für die Apfelmischung:
200 g Trockenäpfel, grob geschnitten
200 g Bramberger Apfelsaft
50 g Apfelbrand
20 g Zimt
100 g Walnüsse, grob gehackt
50 g Hefe
100 g warmes Wasser
ca. 100 g Weizenvollmehl

Zubereitung:

- Für den Teig die Hefe in Wasser auflösen und mit den anderen Zutaten gut verkneten. Zugedeckt ca. 90 Minuten rasten lassen.

- Trockenäpfel, Bramberger Apfelsaft, Walnüsse, Zimt und Apfelbrand vermischen und ca. 12 Stunden ziehen lassen. Die Hefe in warmem Wasser auflösen, mit der Apfelmischung und dem Brotteig verkneten, Weizenvollmehl je nach Teigkonsistenz dazugeben. Den Apfelbrotteig gut durchkneten und 30 Minuten rasten lassen. Anschließend den Teig in 2 Teile teilen und zu Laib oder Wecken formen. Die Brote nochmals ca. 15-20 Minuten ruhen lassen und im Backrohr bei 180-200°C 45 Minuten backen – wenn möglich bei Dampf (geben Sie etwas Wasser in die Fettauffangschale).

Rezept von:
Bäckerei Fritz Daxenbichler, Bramberg

Apfelbrot

Zutaten:

1 1/2 kg Äpfel
300 g Nüsse
300 g Feigen
300 g Rosinen
2 TL Zimt
2 TL Lebkuchengewürz
300 g Staubzucker
1/8 l Rum, 38%
1 kg Mehl, glatt
2 Päckchen Backpulver
Butter für die Form

Zubereitung:

- Rosinen waschen, Feigen klein schneiden, Nüsse grob hacken, die Äpfel schälen, entkernen und fein reiben, dann alle Zutaten außer Mehl und Backpulver gut vermischen und über Nacht ruhen lassen.

- Abschließend das Mehl mit Backpulver mischen und unterrühren. Diese Masse in einer gut befetteten Springform bei 160°C gut eine Stunde backen.

Rezept von:
Christine Rainer, Wald im Pinzgau

Apfel-Feigen-Brot

Zutaten:

1½ kg Äpfel (Boskop, Kronprinz Rudolf, Sternrambour), entkernt, mit der Schale
500 g Feigen, klein geschnitten
500 g Rosinen
300 g Walnusshälften
250 g Zucker
2 EL Kakao
2 TL Zimt
1 Päckchen Lebkuchengewürz
2 EL Rum
1 kg Vollwertmehl
2 Päckchen Backpulver

Zubereitung:

- Äpfel mit der Schale grob raspeln, Feigen, Rosinen, Nüsse, Zucker, Kakao und Gewürze dazugeben. Rum einrühren, gut vermischen und über Nacht zugedeckt ziehen lassen.
- Am nächsten Tag das Mehl mit Backpulver mischen und unter die Früchtemasse einkneten, bis ein glatter Teig entsteht. Zwei längliche Striezel formen und ca. 80-90 Minuten bei 180°C backen. Das Apfelbrot bleibt sehr lange saftig!

Rezept von:
Johanna Höller, Bramberg

Apfel-Preiselbeer-Marmelade

Zutaten:

½ kg Äpfel (Lederapfel, Alkmene, Schweizer Orange)
½ kg Preiselbeeren
½ kg Bio-Gelierzucker

Zubereitung:

- Äpfel und Preiselbeeren waschen, zerkleinern, Bio-Gelierzucker dazugeben, ein paar Minuten leicht köcheln lassen und dabei umrühren. Noch heiß in Gläser füllen.

Tipp:
Ein wunderbares Nahrungs- und Heilmittel bei Grippe und Fieber sowie bei Infektionskrankheiten von Blase und Harnwegen.

Rezept von:
Maria Fankhauser, Bramberg

Der Apfel – flüssig

Apfel-Aperitifs und Cocktails

Der Apfel ist schon als rohe Frucht ein bewährter Durstlöscher. Und als frisch gepresstes Erfrischungsgetränk ist er ohnehin ein wahrer Tresor an Mineralstoffen. Ein Liter Apfelsaft – frisch gepresst – enthält 3 bis 4,5 g Mineralsalze.

Der Apfel kennt darüber hinaus noch viele andere flüssige Formen, die auch international Karriere machten. Als Cidre oder Cider oder Sidra, als prickelnder Schaumwein in Frankreich, England und Spanien.

Oder etwas hochgeistiger als Calvados, französischer Apfelschnaps. Natürlich kann auch Österreich mit hervorragenden Apfelschnäpsen aufwarten, wie etwa den reinsortigen Edeldestillaten vom Maschanska. Und was wäre der Österreicher ohne seinen Most? Auch Apfelessig ist in der Küche unerlässlich.

Nicht zu vergessen auf Genuss-Cocktails – als Aperitif oder Digestif oder zwischendurch zur Erfrischung.

Für den Kochworkshop mit Thomas M. Walkensteiner in Bramberg entwickelte Siegfried Brudermann, ehemals Präsident des Österreichischen Sommelierverbands, eigene Drinks und Mix-Getränke. Einige Klassiker serviert er in schriftlicher Form auch in diesem Buch.

Apfelpunsch

Zutaten:

ca. 1 1/2 l Apfelsaft
1 Zimtstange
5 Nelken
Schale von 1 Orange, unbehandelt
1/2 l Orangensaft
1/2 l Wasser

Zubereitung:

- Wasser, Gewürze und Orangenschale miteinander aufkochen, Apfelsaft und Orangensaft dazugeben und heiß servieren.

Rezept von:
Katja Steiner, Bramberg

Apfelkaffee

Zutaten:

Für den Apfelkaffee eignet sich jede Sorte Apfel, auch halbreife Äpfel kann man dafür gut verwenden.

Zubereitung:

- Äpfel ungeschält in kleine Würfel schneiden und bei 100°C auf einem Blech im Rohr so lange trocknen, bis sie hart und braun sind. Dann in der Kaffeemühle zu Pulver reiben. Für Kaffee 1/4 l Wasser mit 1-2 EL Apfelpulver kurz aufkochen und abseihen.

- Apfelkaffee ist sehr gesund und wohlschmeckend!

Rezept von:
Elisabeth Blaickner, Bramberg

Apfelzauber

Zutaten:

10 ml Apfelsaft, naturtrüb
1 Kugel Vanilleeis
1 TL Himbeer- oder Grenadinesirup
1 Prise Muskatnuss

Pfefferminzblätter zum Garnieren

Zubereitung:

- Den Apfelsaft und eine Kugel Vanilleeis in den elektrischen Mixer geben, gut durchmixen. Das gekühlte Apfelmixgetränk in ein schönes Sektglas geben, zum Schluss Muskatnuss darüberreiben und etwas Himbeer- oder Grenadinesirup in den Drink gießen, mit Pfefferminzblättern garnieren.

Rezept von:
Christine Maier, Neukirchen

Apfelbowle

Rezept für 4-6 Personen

Zutaten:

500 g Äpfel,
1 Zitrone
100 g Calvados (französischer Apfelbranntwein)
200 g Kristallzucker
2 Flaschen Weißwein nach Wahl
1 Flasche Sekt

Zubereitung:

- Äpfel schälen, Kerngehäuse entfernen, in dünne Spalten schneiden. Im Bowlegefäß sofort mit Zucker, Zitronensaft und Calvados mischen. 2-3 Stunden in den Kühlschrank stellen.

- Vor dem Servieren mit Wein und Sekt auffüllen.

Rezept von:
Dipl. Sommelier Siegfried Brudermann, Saalbach

Apfel-Cobbler (Alkoholfrei)

Zutaten:

1,5 cl Zitronensaft
5 g Vanillezucker
Apfelsaft
1 Stück Würfelzucker und gestoßenes Eis

Zubereitung:

- Zubereitung im Mixglas: 1,5 cl Zitronensaft und 5 g Vanillezucker mit Apfelsaft auffüllen, zuvor noch 1 Stück Würfelzucker und gestoßenes Eis in den Tumbler geben.

Applejack Sour (Shortdrink)

Zutaten:

4 cl Calvados (französischer Apfelbranntwein)
2 cl Zitronensaft
1-2 Barlöffel Läuterzucker

Zubereitung:

- Im Shaker mit Eiswürfel mixen, im kleinen Tumbler servieren.

Applejack Daisy (Longdrink)

Zutaten:

4 cl Calvados
(französischer Apfelbranntwein)
1/2 Barlöffel Zitronensaft
1/2 Barlöffel Grenadine Sirup
1 Barlöffel Läuterzucker

Zubereitung:

- Im Shaker mit Eiswürfel mixen und im Glas mit einem Schuss Sodawasser auffüllen.

Für diese Rezepte können als Garnitur Orangenscheiben, Apfelspalten, Zitronenscheiben und Cocktailkirschen verwendet werden.

Rezepte von:
Dipl. Sommelier Siegfried Brudermann, Saalbach

GENUSS REGION ÖSTERREICH

Ernährung prägt Landschaft

Österreich ist ein Land mit vielen Kulturgütern, die im In- und Ausland hoch geschätzt werden. Zum Kulturerbe Österreichs gehören nicht nur historische Gebäude, sondern auch die wunderschöne Kulturlandschaft, die durch Landwirtschaft geprägt wird. Der Charakter unserer Region wird durch die Leistungen der Landwirtschaft, vor allem durch die Herstellung hochwertiger landwirtschaftlicher Produkte und Lebensmittel bestimmt. Hinter den Produkten stehen nicht nur besondere, regionaltypische Qualitäten, sondern auch die durch sie gestalteten Landschaften, die teilweise sogar als Kulturerbe ausgezeichnet wurden. Diese Landschaften gilt es durch Pflege und den kontinuierlichen Absatz der dort traditionell angebauten Kulturarten und den daraus erzeugten Lebensmittel zu erhalten. Vielen Menschen ist es wenig bewusst, dass die Basis ihrer Esskultur in den Regionen mit ihren typischen Produkten und Herstellungsverfahren liegt. Wir können für die Zukunft der Regionen viel beitragen, wenn wir den Zusammenhang zwischen Landschaft, regionalen Produkten und Lebensqualitäten transparent machen. Daher werden jene Regionen ausgezeichnet, die für bestimmte Produkte stehen und wo die Produkte zur Identität und Kultur der Region beitragen. Stück für Stück entsteht somit eine Landkarte der Genussregionen in Österreich.

Regional genießen hat Zukunft

Lebensministerium, Agrarmarkt Austria und die Bundesländer haben im April 2005 die Initiative GENUSS REGION ÖSTERREICH zur Stärkung der ländlichen Regionen Österreichs gestartet. Nach nur vier Jahren ist GENUSS REGION ÖSTERREICH zum Inbegriff für traditionelle regionale Spezialitäten und attraktive, zukunftsorientierte Regionen geworden. Eine starke Marke mit einer klaren Botschaft: Kulturlandschaft und die darin produzierten Lebensmittel bilden eine Einheit und prägen den Charakter ihrer Region. Die Auszeichnung trägt wesentlich dazu bei, die Leistungen unserer Bäuerinnen und Bauern, der verarbeitenden Betriebe bzw. der Lebensmittelmanufakturen und der Gastronomie in den Regionen sichtbar zu machen. Nach dem erfolgreichen Start der Kampagne im Jahr 2005 werden sich heuer insgesamt 113 GENUSS REGIONEN auf der österreichischen GENUSS-Landkarte befinden. Es geht aber nicht nur um eine Erweiterung, sondern auch um eine Vertiefung der Idee GENUSS REGION ÖSTERREICH. Ziel ist es, die Kooperation von Landwirtschaft, Gewerbe, Gastronomie, Tourismus und Handel intensiver zu gestalten und so die regionale Wertschöpfung und Attraktivität des ländlichen Raumes zu steigern. Jeder Einzelne soll als Gast in einer GENUSS REGION ÖSTERREICH die landschaftlichen Besonderheiten und die in der Region fest verwurzelten Spezialitäten erleben und genießen können.

MIT UNTERSTÜTZUNG VON BUND, LÄNDERN UND EUROPÄISCHER UNION

Europäischer Landwirtschaftsfonds für die Entwicklung des ländlichen Raums: Hier investiert Europa in die ländlichen Gebiete.

LE 07-13

lebensministerium.at

Alle Informationen zur Initiative GENUSS REGION ÖSTERREICH-auch zu den zahlreichen Veranstaltungen – finden Sie unter **www.genuss-region.at**

Rezeptverzeichnis

PiRi
werden sie kurz und liebevoll genannt, die Pinzgauer Rinder. Markant ist ihr dunkler Teint, kastanienbraun glänzt ihr Fell. Angeblich soll der Genuss von Almkräutern den Glanz ihres Fells noch intensivieren. PiRi ist eine Rasse mit Klasse, die auch international große Anerkennung findet. PiRi ist die einzige autochthone Rinderrasse Österreichs. Feinschmecker schätzen die erstklassige Fleischqualität, etwas durchzogen und wunderschön marmoriert.

Glossar

von A bis Z, von Adam bis Zuccalmaglios

Adam

Biss angeblich nicht in einen Apfel, sondern in eine Zitrusfrucht.

Abledern

Mit einem Tuch säubern, polieren

Alkmene

Kreuzung aus Cox Orange und Oldenburg

Gagei

Pinzgauerisch für kleine Äpfel, die sich aber noch mausern können.

Keaschbam

Pinzgauerisch für Kirschbaum

Klarapfel

Weißer Klarapfel

Bekannter Frühapfel. Mittelgroße, gelb-grünliche Frucht. Sehr gesunder, frostharter Baum, auch für höhere Lagen geeignet.

Kren

Meerrettich

Läuterzucker

1/2 l Wasser mit 500 g Kristallzucker aufkochen, den Schaum mit einem Teesieb abheben, erkalten lassen. Läuterzucker kann in Flaschen über längere Zeit gelagert und auch für Kompotte verwendet werden.

Marille

Aprikose

pacossieren

fein mixen (z.B. Im Pacojet)

Pektin

Pektine sind sozusagen Festmacher, denen zum Beispiel die Konsistenz von Marmeladen zu verdanken ist. Also natürlich Gelier- und Verdickungsmittel, die in Apfelschalen und in Pflanzenzellen von Zitrusfrüchten enthalten sind. Vom griechischen pectós (= fest, geronnen).

Die größte Menge an Pektin enthalten Früchte kurz vor ihrer Vollreife. So erklärt sich auch der Umstand, dass es sehr schwierig ist, aus unreifen oder überreifen Äpfeln ein brauchbares, festes Gelee zuzubereiten.

Außerdem gibt es auch Früchte mit weniger Pektin, etwa Kirschen, Feigen, Pfirsiche und Ananas. Erdbeeren und Himbeeren sind Früchte mit schlecht stabilisierendem Pektin.

Sahne

Obers

Schorfig

Schorf ist eine Apfelkrankheit, die an Blättern und Früchten auftreten kann.

Semmelbrösel

Paniermehl

Staubzucker

Puderzucker

Topfen

Quark

Weißer Klarapfel

Auch „Bartlmä-Apfel“ genannt, weil er um den Bartlmätag, 24. August, zur vollen Reife gelangt. Reift ab Juli bis August. Schale: weich und zart, grünlich-weiß mit einem wachsartigen Überzug. Fleisch: weiß mit grünem Schimmer, saftig, etwas säuerlich, mürbe. Eignet sich gut zum Kochen und Backen.

Zuccalmaglios Renette

Alte Apfelsorte, 1878, aus Deutschland

Bezugsquellen

für

Algin, Calcic, Gelan (für Walkensteiners Apfelperlen): bei Bos Food Düsseldorf GmbH,
Tel. +49(0)2132-139-0, www.bosfood.de, service@bosfood.de

Szechuan-Pfeffer, Kafirblätter, Galgant, Palmzucker, Reisessig: in Asia-Shops oder gut sortierten Gewürzläden
Anstelle von Reisessig kann man auch weißen Balsamico-Essig verwenden.

Mauritius-Zucker: in Reformhäusern oder gut sortierten Feinkostläden

Sonstige Info-Adressen

Wenn jemand nachfragen möchte ...

Verein TAURISKA

Kammerlanderstall
Künstlergasse 15a
A-5741 Neukirchen am Großvenediger
Tel. +43(0)6565-6145
Fax +43(0)6565-6145-4
E-Mail: office@tauriska.at
www.tauriska.at

Obst- und Gartenbauverein Bramberg

Wilhelmstall beim Museum Bramberg
A-5733 Bramberg am Wildkogel
Tel. +43(0)676-84 32 25 505
www.obstpresse.at

Pomarium

Obstlehrgarten
zahlreiche einheimische Apfel- und Birnensorten
Öffnungszeiten: Mai bis Oktober
Info: Alois Steiner
Reitlgut
A-5733 Bramberg am Wildkogel
Tel. +43(0)6566-7722

BioKratergarten

Schützingergut
Fam. Hans und Rosemarie Möschl
Schönbach 16
A-5733 Bramberg am Wildkogel
Tel. +43(0)6566-7522
E-Mail: schuetzingergut@sbg.at

Das Buchprojekt wird unterstützt von:

GEMEINDEENTWICKLUNG
Salzburg
DORF • STADT • REGION
Land Salzburg

Schatzkammer
Land Salzburg
Kulturelle Sonderprojekte

Salzburger
Tourismus
Förderungs
Fonds

SMARAGDDORF
BRAMBERG
AM WILDKOGEL

Obstpresse
Bramberg am Wildkogel

URLAUBS
ARENA
WILDKOGEL
Neukirchen • Bramberg

Raiffeisen
Die Salzburger Bank

Kurzporträts

Die Autorin

Doris Maier

Gebürtige Salzburgerin, promovierte nach dem Studium der Publizistik und Kommunikationswissenschaft sowie Romanistik zum Dr. phil. Schreibt für mehrere Zeitungen und Magazine, u.a. Salzburger Nachrichten und Falstaff. Buchveröffentlichungen: „Reiseführer Wien“ (Verlag MERIAN), das Almenbuch „ALPstyle - Genusswelt Almen“ und „Die schönsten Gasthäuser im Salzkammergut“ (beide Verlag Collection Rolf Heyne).

Der Sternekoch

Thomas M. Walkensteiner

Gebürtiger Vorarlberger, Schüler von Jahrhundertkoch Eckart Witzigmann. Wirkte u.a. in den Küchen von Ewald Plachutta und Reinhard Gerer, weiters in Asien und Frankreich. Seit 2003 Küchendirektor im Hotel Schloss Fuschl Resort in Hof bei Salzburg. Ausgezeichnet mit einem Michelin-Stern und drei Gault-Millau-Hauben. Publizierte zwei Kochbücher: „Anti Aging Gourmet Kochbuch Nr. 1“ und „koch. dich.jung“ (beide Verlag Christian Brandstätter).